PRACTICE AND INNOVATION OF
WENLING COMMERCIAL SYSTEM REFORM

温岭商事制度改革的
实践与创新

温岭市市场监督管理局　编

浙江工商大学出版社 杭州
ZHEJIANG GONGSHANG UNIVERSITY PRESS

本书编委会

主　　任：徐　明

副 主 任：蒋文超　童庆波

编　　委：阮兢青　李茜佳　陈沧海　李林辉　江　涌
　　　　　江赛赛　郭玲娜　蔡　泱　周青青

名誉主编：童庆波

主　　编：阮兢青

副 主 编：李茜佳　陈沧海　江　涌

撰　　稿：（按姓氏笔画排序）
　　　　　毛海挺　任　健　江　涌　江赛赛　沈　吟
　　　　　阮兢青　李茜佳　吴敏力　张　律　陆莹莹
　　　　　陈文利　陈余玉　陈沧海　周　杰　周青青
　　　　　赵碧莹　徐　慧　曹吉根　蔡　泱　颜　静

序

千帆竞发，百舸争流，这是一个改革的时代。

2013年，党的十八届二中、三中全会先后作出改革工商登记制度、推进工商注册制度便利化的重大部署，吹响了商事制度改革的号角。党的十九大报告提出，要深化商事制度改革，完善市场监管体制。作为深化"放管服"（简政放权、放管结合、优化服务）改革的"先手棋"和"突破口"，商事制度改革有力推动政府与市场关系逐步厘清，有效促进营商环境优化，激发大众创业、万众创新的内在活力，为国家治理体系现代化夯实微观基础，为经济社会发展提供有力支撑。

温岭作为全国首家股份制企业的诞生地，民营经济高度发达，这片土地上始终不乏与时俱进、锐意进取的改革精神。温岭市市场监督管理局牢牢把握住时代命题和执政课题，始终把商事制度改革作为各项工作的重中之重，坚持"刀刃向内"，强化自我革新，敢闯敢破，同时对接创业创新需求，以企业和群众为本，有机结合"最多跑一次"等改革，将商事制度改革不断推向深入，取得了显著成效：市场准入门槛不断降低，营商环境便利化程度持续提升，改革红利进一步释放，群众创业致富热情高涨。2021年，温岭市在册市场主体数量突破14万家，较2013年底增长超60%。

近几年，商事制度改革进入深水区，温岭市市场监督管理局更是全力以赴，攻坚克难，通过一系列生动的基层实践创新，为改革发展全局发现问题、探索路径、积累经验。温岭在全国范围内首创数字牵引"党建入章"

的做法,激发民营企业的"红色生产力";在浙江省率先探索商事主体延续转型登记模式和注销企业遗留不动产处置机制;开展商事登记省级标准化试点项目,并为全国首个省级企业开办标准《企业开办全程网上办规范》的"浙江标准"提供"温岭经验";创新开展"证照并销"等一系列注销便利化改革举措,走在浙江省乃至全国前列……这些改革经验已在台州乃至浙江推广。

回首过去,我们步履坚实,也深感成绩来之不易。因此,通过本书总结温岭商事制度改革的创新做法和特色经验,分析改革过程中的问题、难点和典型案例,展现实践成果和改革成效,为进一步深化商事制度改革提供有益参考。

当前,我国经济发展进入新常态,面临需求收缩、供给冲击、预期转弱三重压力,尤其受全球疫情影响,外部环境更趋严峻复杂。2021年6月,浙江被列为全国首个共同富裕示范区,这是认可,也是挑战。任重道远,更须策马扬鞭。我们要坚持稳进提质、守正创新,将商事制度改革的鼓点越敲越响,为优化营商环境提供更坚实的制度保障,为培育和激发市场主体活力提供源源动力,推动新时代民营经济实现新飞跃,为高质量发展建设共同富裕示范区做出更大贡献!

温岭市人民政府副市长

2022年1月21日

目 录

第一章　数字牵引"党建入章"改革工作

·｜工作开展｜·

数字赋能　助推4433家非公企业实现"党建入章"　激活非公企业"红色生产力"
……………………………………………………………… 03

全国首创,数字化牵引党建条款进企业章程　温岭:4000多家非公企业"党建入章"
……………………………………………………………… 07

温岭4865家非公企业将党建条款写入企业章程 ……………… 10

全国首创数字赋能"党建入章"　激活民企高质量发展"红色动力"……… 15

温岭5500余家民营企业"红色条款进章程"……………………… 19

温岭数字赋能非公企业党建　6828家民营企业选择"红色条款"入章程 … 21

·｜创新成果｜·

关于开展2021年度小微企业发展和"小个专"党建创新试点工作的通知 … 23

党建条款章程样本……………………………………………… 28

第二章　商事登记标准化建设工作

·｜工作开展｜·

温岭市获批商事登记省级标准化试点　浙江省唯一……………… 37

浙江省标准化研究院支撑温岭市商事登记省级标准化试点高分通过验收… 40

温岭市商事登记省级标准化试点项目高分通过验收评估……………… 42

绘就营商环境"优化图" 打造商事登记"温岭标准"…………… 44

·|创新成果|·

温岭市商事登记标准体系…………………………………………… 53

常态化企业开办服务规范…………………………………………… 71

第三章 《企业开办全程网上办规范》编写工作

·|工作开展|·

浙江省率先发布《企业开办全程网上办规范》………………… 81

企业开办省级地方标准实施 《中国改革报》点赞"温岭经验"………… 83

·|创新成果|·

企业开办全程网上办规范……………………………………………… 85

第四章 商事主体延续转型改革工作

·|工作开展|·

温岭市商事主体延续转型的改革实践与思考………………………… 99

温岭市在浙江省率先探索延续转型登记模式,破解商事主体承继问题… 110

·|创新成果|·

商事主体延续转型服务规范………………………………………… 114

温岭市商事主体延续转型改革试点工作实施方案………………… 123

台州市人民政府关于进一步深化商事登记制度改革的若干意见(试行)… 129

台州市商事主体转型升级登记实施细则(试行)…………………… 137

第五章 "证照并销"改革工作

·｜工作开展｜·

企业退出"一步到位" 浙江温岭推进跨领域多部门企业"证照并销"改革成果
初显 ··· 143

探索路径不停步 打造样板走在前 ································· 145

温岭市实行"证照并销"改革2.0 促市场主体"进退自如" ··········· 148

温岭市"三减三开三畅通" 促进企业注销迭代升级 ················ 151

·｜创新成果｜·

温岭市市场监督管理局关于推进企业"证照并销"改革工作实施方案 ··· 154

温岭市关于推进企业"证照并销"改革的实施方案 ················· 159

温岭市跨部门"企业注销一件事"便利化改革迭代升级实施方案 ········ 165

第六章 简易注销和已注销企业遗留不动产处置工作

·｜工作开展｜·

聚焦"信用＋市场主体退出" 全力打造市场主体退市"快车道" ········ 171

温岭推进企业注销便利化的改革实践与思考 ······················ 176

·｜创新成果｜·

已注销企业遗留不动产处置方案 ································· 183

温岭市企业和个体工商户注销登记简易程序暂行规定 ············· 186

第一章

数字牵引"党建入章"改革工作

瞄准民营企业党建工作动态变化快、党的组织覆盖薄弱等痛点、难点，温岭市市场监督管理局将部门职能与非公企业党建工作紧密结合，从2018年6月份开始探索开展"红色条款进章程"工作，即把党建工作写入民营企业章程。随着全程电子化登记的不断普及，企业登记逐渐从线下拓展到线上，进一步推进"红色条款进章程"亟待数字赋能。

　　2021年，温岭市市场监督管理局以数字化改革为契机，积极对接浙江省市场监督管理局，探索开展数字牵引"党建入章"工作。5月份，温岭被列为"红色条款进章程"项目浙江省唯一试点地区。8月中旬，浙江省全程电子化登记平台上开通温岭特色子模块，温岭企业在申请设立或变更登记时，可结合公司实际情况和经营管理需要选择含党建条款的章程模板，系统自动生成相应的章程。该举措为全国首创。

　　温岭市市场监督管理局开展数字牵引"党建入章"改革工作的经验受到各级党委和组织部门的肯定，得到浙江省市场监督管理局章根明局长批示肯定。相关报道2次被发布在"学习强国"平台上，引起广泛关注。目前温岭基本实现新设立民营企业"党建入章"全覆盖。

数字赋能　助推4433家非公企业实现"党建入章"
激活非公企业"红色生产力"*

作为全国第一家股份合作制企业诞生地，温岭市现有非公企业约43310家，从业人员约20万人。2021年5月，温岭市市场监督管理局被列为"红色条款进章程"项目浙江省市场监督管理局唯一试点单位。为筑牢非公企业党建阵地，温岭市紧扣"党的组织应建必建、党的工作覆盖到位"原则，以数字化改革牵引党建条款进非公企业章程工作，助推4433家非公企业实现"党建入章"。

《温岭日报》报道

---

* 本文原载于2021年9月15日《温岭日报》第01版，"非公企业"是"非公有制企业"的简称。

互荣共进，"党建入章"引领企业高质量发展

"党组织在公司企业职工群众中发挥政治核心作用，在企业发展中发挥政治引领作用，开展合理化建议活动。"

"实行党组织领导班子和经营管理队伍'双向进入、交叉任职'制度。"

"党组织机构设置、人员编制纳入公司管理机构和编制。"

打开利欧集团浙江泵业有限公司（简称"利欧集团"）章程，党建条款赫然在目。

"公司的快速发展，与企业党建密不可分，党建工作已融入企业发展的全过程，"利欧集团相关负责人表示，"党组织在企业中的领导核心和政治核心作用，以及团结激发员工劳动热情、维护各方的合法利益等重要作用，是企业中其他组织无法代替的。利欧集团近30年的改革发展经验能够充分印证这一点。"

数字赋能，企业"红色条款"章程私人定制

像利欧集团一样，水到渠成地将红色条款写入章程的公司虽不在少数，但是在非公企业占95%的温岭市，有更多的企业对"党建入章"心存疑惑和担忧。企业是以盈利为目的的经济组织，有些股东担心党组织的角色规范化会降低商业决策的效率，使得原已十分复杂的治理主体间的沟通协调更添难度。

为使"党建入章"工作更严、更实、更活，温岭市市场监督管理局畅通政企双向沟通"直通车"，充分征求非公企业对党建条款的诉求与建议，组织商事登记业务骨干和非公企业党建指导员研讨最优方案。根据企业类型和组织机构产生方式不同，实行党建章程"私人定制"模式，让企业有章可循，有标准可依。目前，温岭市市场监督管理局共为各类市场主体量

区县新闻｜台州温岭：助推4433家非公企业实现"党建入章"

地方平台发布内容

浙江学习平台
2021-09-18

+订阅

作者：阳青青 徐超 周杰

作为全国第一家股份合作制企业诞生地，台州温岭市现有非公企业43310家，从业人员约20万人。2021年5月，温岭市市场监管局被列为"红色条款进章程"项目浙江省市场监管局唯一试点单位，为筑牢非公企业党建阵地，温岭市紧扣"党的组织应建必建、党的工作覆盖到位"原则，以数字化改革牵引党建条款进非公企业章程工作，助推4433家非公企业实现"党建入章"。

基层党建｜4657家非公企业实现"党建入章"，温岭是如何做到的？

地方平台发布内容

浙江学习平台
2021-09-26

+订阅

温岭市市场监管局征求非公企业对党建条款的诉求与建议

9月24日，双冠泵业（浙江）有限公司通过全流程网报设立登记时，在"是否党建章程"一栏选了"是"。至此，台州温岭已有4657家非公企业实现"党建入章"。

作为全国第一家股份合作制企业诞生地，温岭市现有非公企业4.3万多家，占比超95%，从

相关报道2次被发布在"学习强国"平台上

身定制"红色条款"章程模板21种。

携手共推，党建联盟延伸红色触角

"温岭市民营企业协会和温岭市个体劳动者协会党建联盟选派工作人员到我们园区开展帮扶活动，帮助我们找准职能定位、发挥功能作用，一家带动一家，几家连成一片，先后帮助解决章程修改中遇到的实际困难问题30多个，实现园区企业'党建入章'全覆盖，"方远·泽国机电创业园党支部书记谢加明说，"在党建引领下，2020年方远·泽国机电创业园实现产值达8亿元，同比增加44%。"

方远·泽国机电创业园只是温岭市民营企业协会和温岭市个体劳动者协会党建联盟党建示范引领片区的一个缩影。据了解，温岭市共有类似方远·泽国机电创业园的特色产业小微园区63个。为破解非公企业党建工作动态变化快、党的组织覆盖薄弱、"党建入章"诉求多样等痛点、难点，温岭市市场监督管理局创新组建温岭市民营企业协会和温岭市个体劳动者协会党建联盟，通过区域化"连片推进"工作机制，以党建联盟助推"党建入章"。

温岭市非公企业党组织党建阵地之方远·泽国机电创业园党群服务中心

全国首创，数字化牵引党建条款进企业章程
温岭：4000 多家非公企业"党建入章"*

2021 年 9 月 24 日，双冠泵业（浙江）有限公司通过全流程网报设立登记时，在"是否选择党建章程"一栏选了"是"。至此，温岭市已有 4657 家非公企业实现"党建入章"。

作为全国第一家股份合作制企业的诞生地，温岭市现有非公企业 4.3 万多家，占比超 95%，从业人员约 20 万人。

党建做实了就是生产力，这已成为越来越多非公企业的共识。温岭市市场监督管理局顺应时势，紧扣"党的组织应建必建，党的工作覆盖到位"原则，以数字化牵引党建条款进企业章程，实现党建工作与企业发展同频共振。2021 年 5

《台州日报》报道

---

* 本文原载于 2021 年 9 月 25 日《台州日报》第 01 版。

月，温岭市市场监督管理局被列为"红色条款进章程"项目浙江省唯一试点单位。

为细化落实"党建入章"，温岭市市场监督管理局充分征求非公企业对党建条款的诉求与建议，组织商事登记业务骨干和非公企业党建指导员研讨最优方案，为各类市场主体量身定制了21种"红色条款"章程模板。

"温岭市市场监督管理局向浙江省市场监督管理局申请获准，在浙江省全程电子化登记平台上，增设温岭辖区内企业进入路径，添加含党建条款章程的温岭特色子模块。这一做法为全国首创。"温岭市市场监督管理局党委副书记、副局长阮兢青介绍。

9月23日，记者走进位于温岭东部的利欧集团浙江泵业有限公司（以下简称"利欧集团"），只见在公司的广场、大厅、长廊，有一抹抹"中国红"，很是喜庆。

"实行党组织领导班子和经营管理团队'双向进入、交叉任职'制度。""党组织机构设置、人员编制纳入公司管理机构和编制。"打开利欧集团的章程，党建条款赫然在目。

利欧集团实现了以党建促发展，以发展强党建——围绕提高生产效率、提升质量工艺、技术创新改造等开展各类项目300多个，申请各类财政扶持资金3000多万元……

2021年，利欧集团党委被浙江省委组织部评为"浙江省先进基层党组织"。同时，利欧集团跻身中国上市公司百强。"公司快速发展，与党建密不可分。"该公司党委书记林仁勇表示。

在富岭科技股份有限公司党总支书记、董事长江桂兰看来，党建是看得见的生产力。将党建融入运行管理各个环节，是企业长盛不衰的重要保证。富岭科技股份有限公司在行业内对美出口额连续10多年位居台州第一。

温岭市市场监督管理局还组建温岭市民营企业协会和温岭市个体劳

温岭市非公企业党组织党建阵地之富岭科技股份有限公司

动者协会党建联盟,形成区域化"连片推进"机制,助推小微企业"党建入章"。

方远·泽国机电创业园,是方远集团的首个工业地产项目,占地约113亩(折合约75333平方米),截至目前,已有54家企业入驻。"温岭市民营企业协会和温岭市个体劳动者协会党建联盟工作人员常来开展帮扶活动,先后解决章程修改过程中遇到的30多个难题,实现园区企业'党建入章'全覆盖,"创业园党支部书记谢加明说,"园区党建工作多次受到省市领导表扬。"在党建工作的引领下,2020年该创业园实现产值8亿元,同比增44%。

温岭4865家非公企业
将党建条款写入企业章程[*]

2021年10月19日,温岭市齐佳鞋业有限公司通过网络平台变更营业期限时,在"是否选择党建章程"一栏选择了"是"。至此,温岭已有4865家非公企业实现"党建入章"。

作为全国首家股份合作制企业的诞生地,温岭现有非公企业数量达43310家,从业人员达20余万人。2021年5月,温岭市市场监督管理局被浙江省市场监督管理局列为"红色条款进章程"项目唯一试点单位,并在浙江省全程电子化平台上线温岭"红色条款进章程"特色子模块,民营企业在申请设立或变更登记时,可结合公司情况和经营管理需要选择含有党建章程条款的模板,由系统自动生成党建条款章程,全国首创以数字化改革牵引党建条款进非公企业章程工作。

互荣共进,"党建入章"引领企业发展

企业章程是企业内部的"宪法",是公司组织与行为的基本准则。根据《中国共产党章程》《中华人民共和国公司法》等法律法规,探索把党建工作写入非公企业章程,明确和落实党组织在公司法人治理结构中的

---

* 本文原载于2021年10月19日《市场导报》第04版。

《市场导报》报道

地位,使党的建设融入现代企业治理,是浙江省近年来加强非公企业领域党建,完善基层党建工作体制机制的一项重要举措。

"党组织在企业职工中发挥政治核心作用,在企业发展中发挥政治引领作用,并开展合理化建议活动。"

"实行党组织领导班子和经营管理队伍的'双向进入、交叉任职'制度。"

"党组织机构设置、人员编制纳入公司管理机构和编制。"

打开利欧集团浙江泵业有限公司(以下简称"利欧集团")章程,党建条款赫然在目。为何利欧集团会将党建内容写入公司章程?"党建入章"后公司发展又如何?

成立于1995年的利欧集团主营传统水泵制造业务。近年来,该公司发展迅速,已成为国内水泵行业产品线最全、产能规模最大、产量与出口量最大的企业。

10月18日,《市场导报》记者来到利欧集团,看到在近60万平方米的生产车间内,2000余名车间工人操作着2000多台制造和检测设备,正热火朝天地忙碌着。利欧集团的产品从这里远赴世界120多个国家和地区。

"公司快速发展,与企业党建密不可分,党建已融入企业发展全过程。"利欧集团党委书记林仁勇表示。

早在2018年8月,温岭市委组织部、温岭市市场监督管理局负责人在利欧集团开展"三服务"工作时，就结合企业党建工作，提议利欧集团将党建工作写入公司章程，把加强党领导和完善公司治理统一起来，实现党建工作与企业发展有机融合、同频共振、整体跃升。

"党组织在企业中发挥领导核心和政治核心作用，以及团结激发员工劳动热情、维护各方合法利益等重要作用，是企业中其他组织无法代替的。利欧集团近30年的改革发展经验能够充分印证这一点。"利欧集团法定代表人王相荣表示赞同。

2018年9月1日，经公司股东会议决议签字同意利欧集团将党建内容纳入章程，利欧集团党委在公司财务部门、法务部门配合下，正式向市场监管部门申请修订后的章程备案。

之后，在以党建文化引领企业文化的发展战略下，利欧集团实现了以党建促发展，以发展强党建。3年来，利欧集团党员项目申报服务队，围绕提高生产效率、提升质量工艺、技术创新改造开展各类项目达300多个，申请各类财政扶持资金3000多万元；通过对党员职工实行党建与业务双重考核，形成独特的党员和人才"双向培养"机制；等等。

数字赋能，企业"红色条款"私人定制

像利欧集团将党建条款写入章程的公司虽不少，但在非公企业占95%的温岭，有更多企业对"党建入章"心存疑惑和担忧。企业是以盈利为目的的经济组织，有些股东担心党组织角色规范化会降低商业决策效率。

对富岭科技股份有限公司党总支书记、董事长江桂兰而言，如何积极稳妥地实现"党建入章"是此项工作的关键。在她看来，"党建是看得见、摸得着的生产力，秉持推动企业党建融合式发展，坚持将党建逐步融入企业经营、管理等各个方面，打通企业党建和企业发展互融共进，形成'党建强、发展强'格局"。江桂兰坚信：非公企业具有趋利性强、变动性大、

人员调整频繁等特点，需要用制度为党建推进和企业健康发展保驾护航。股份公司修订章程，须经股东大会股东表决，2/3以上通过方可进行修订。如何做好股东识别和积极有效沟通，以及怎么入、入什么内容都需要提前商议。

2021年8月2日，富岭科技股份有限公司"党建入章"议案以100%支持率获得了股东大会全票通过！

为了使"党建入章"的工作更严、更实和更活，温岭市市场监督管理局设立了政企双向沟通的"直通车"，充分征求非公企业对党建条款的诉求与建议，组织商事登记业务骨干和非公企业党建指导员研讨最优方案，并根据企业类型和组织机构产生方式，实行党建章程"私人定制"模式，让企业党建工作有章可循，有标准可依。目前，温岭市市场监督管理局共为各类市场主体量身定制"红色条款"章程模板21种。

携手共推，党建联盟延伸"红色触角"

为破解非公企业党建工作动态变化快、党的组织覆盖薄弱、"党建入章"诉求多样等难点，2018年10月，温岭市市场监督管理局率先在浙江省内推进民营企业协会会员企业和单一业主制企业党组织覆盖工作，创新组建温岭市民营企业协会和温岭市个体劳动者党建联盟，以区域化"连片推进"工作机制，通过联盟集聚企业发展党建，助推"党建入章"。

在温岭市方远·泽国机电创业园的党群服务中心，整个园区54家企业的融资贷款、专利申请等多项党务、政务、社务方面的业务办理都在这里进行。这里是企业职工邻里中心，是为企业服务办事的"居委会"，更是党组织、党员党性教育红色基地。

2020年以来，温岭市市场监督管理局结合小微企业园区生产经营特点，健全温岭市民营企业协会和温岭市个体劳动者协会党建联盟对小微企业指导帮扶机制,延伸"红色触角"。

"温岭市民营企业协会在创业园每月党支部例会时,选派工作人员到党群服务中心开展帮扶,帮助党组织找准职能定位和发挥功能作用,通过创业园区同类企业集聚特点,一家带动一家,几家连成一片,最终实现方远·泽国机电创业园园区企业'党建入章'全覆盖。"温岭市市场监督管理局党委副书记、副局长阮兢青告诉《市场导报》记者,2020年方远·泽国机电创业园实现产值达8亿元,同比增加44%。

方远·泽国机电创业园只是温岭市民营企业协会和温岭市个体劳动者协会党建联盟党建示范引领片区的一个缩影。据介绍,温岭共有特色产业小微园区63家,通过"民协+支部""民协+园区"等模式,发挥温岭市民营企业协会党建示范引领和党建孵化作用,提升温岭市民营企业协会对会员企业党建工作指导能力,帮助指导条件成熟的企业组建党组织、发展新党员,探索形成"单独组建、区域联建、行业统建、配合共建"的党建模式。

温岭市非公企业党组织党建阵地之浙江汇富春天电商产业园

全国首创数字赋能"党建入章" 激活民企高质量发展"红色动力"*

　　温岭市瞄准民营企业党建工作动态变化快、党的组织覆盖不全等痛点、难点，坚持"党的组织应建必建、党的工作覆盖到位"原则，自2018年6月起探索开展民营企业"党建入章"，推动党建引领作用组织化、制度化、具体化。2021年5月，温岭市市场监督管理局被浙江省市场监督管理局列为"红色条款进章程"项目省级唯一试点单位，以数字化改革牵引"党建入章"，筑牢夯实民营企业党组织领导核心和政治核心地位，实现党建工作与企业发展有机融合、同频共振、整体跃升。截至2021年10月28日，温岭市共有5121家民营企业章程已加入党建条款，实现新设立民营企业全覆盖，较2020年同期增长269%，共建有党组织788个。温岭市相关做法为全国首创，获浙江省市场监督管理局章根明局长等领导批示肯定，被各级媒体报道。《人民日报》对此进行采访，相关报道2次被发布在"学习强国"平台上。9月30日，《浙江信息》以《温岭市全国首创数字牵引民营企业"党建入章"》为题报道温岭市的"党建入章"工作。

---

* 本文系温岭市市场监督管理局于2021年10月29日在浙江省"小个专"(小微企业、个体工商户、专业市场三者的简称)党建工作会议上的经验介绍材料。

全省小微企业、个体工商户和专业市场党建工作会议现场

一、搭平台，建模块，开设"党建入章"数字通道

一是"线下"改"线上"提效率。温岭市市场监督管理局针对含党建条款的企业章程只能提交线下纸质版的问题，深入拓展近3年线下"党建入章"工作经验，经浙江省市场监督管理局批准，于2021年8月15日在浙江省全程电子化登记平台上线该项目温岭特色子模块。推行企业"开办环节全面进、变更环节引导进"的"双环双进工作法"，引导企业结合实际情况和经营管理需要选择党建条款，系统自动生成相应的企业章程，进一步缩短企业章程起草和签字时间。

二是"标准"改"特色"促规范。在登记平台全省统一模板的基础上，增设温岭辖区内企业进入路径，增加含有党建条款内容的章程模板。引入第三方技术公司对温岭特色子模块的开发和改造，明确温岭特色模块具体修改要求，细化模块建设方案。功能上线后，378家已注册企业将党建条款修订入章程。

三是"统一"改"定制"强服务。打破登记平台申报材料中的章程的模板化、标准化、统一化局限,根据企业类型和组织机构产生方式不同,推动党建章程"私人定制"。在充分征求企业意见基础上,组织登记业务骨干和非公企业党建指导员就党建条款和原公司章程样本条款如何融合进行研讨,制订最优方案。目前,共为各类市场主体量身定制"红色条款"章程模板21种。

二、放权限,优流程,加速"红色代跑"精准服务

一是全市通办,下放权限。根据民营企业产权形式、责任形式,分级分类下放登记权限,通过"红色条款进章程"市镇一体化登记模式,以"网上办、就近办、一次办"放大数字便民效应。目前,温岭市市场监督管理局已将有限公司登记范围从注册资本100万元以下扩增至1000万元以下,通过基层分局(所)引导1478家企业提交含党建条款的章程。

二是窗口代办,线下引导。针对部分变更登记事项无法网上办理的情况,抽调8名党员业务骨干进驻企业登记窗口,开展红色免费代办代跑,全方位服务企业开办"一件事",形成"定点导办、全程代办、集成开办"特色服务机制,以流程咨询、填表指导等全方位服务,引导企业将党建融入企业治理。目前,共帮助解决企业登记问题600余个,将企业全流程开办时间压缩至8个工作小时内,实行营业执照、首套印章刻制、税控设备和寄递费用"全免单"。

三是红色宣讲,入脑入心。组建"红盾领航"青年宣讲团,采取"点单式"宣讲模式,开展进厂区、进园区、进商圈、进楼宇、进社区的"五进"宣讲活动,进一步提升"党建入章"知晓度。目前,已开展宣讲21场次,受众达1200余人次。

温岭市非公企业党组织党建阵地之浙江申林汽车部件有限公司

三、强机制，促实效，激活"红色民营企业"源头动力

一是"治理＋"让党建条款"活"起来。着力发挥企业章程党建条款的政治引领作用，健全民营企业党组织班子与企业管理层"双向进入、交叉任职"机制，明确将党组织研究讨论作为企业决策重大问题的前置程序，全面加强党组织在公司治理中的核心地位。目前，已鼓励810家民营企业党组织班子成员进入董事会、监事会和管理层，实现党企联席、共同决策。

二是"培训＋"让企业党建"实"起来。开展"红色出资人"培养计划，通过定点联系、结对帮带等方式，发挥部门、协会等主体的示范和孵化作用。实施"红色民营企业"党员人才"双向培养"机制，将民营企业家培训纳入党建教育培训体系。目前，已对408名企业主、高管和党务工作者实施"小班化精进式"培训。

三是"激励＋"让非公经济"香"起来。综合运用政策扶持和政治激励，对支持党建工作、主动修改章程的民营企业，优先落实财税和人才政策，优先推荐其人员参加评先评优和"两代表一委员"推选。如利欧集团浙江泵业有限公司党委被浙江省委组织部评为"浙江省先进基层党组织"。

温岭5500余家民营企业"红色条款进章程"*

日前，在温岭市行政服务中心，台州玖玮装饰工程有限公司工作人员在登记注册时，提交了一份含党建条款的公司章程："党组织机构设置、人员编制纳入公司管理机构和编制，党组织工作经费纳入公司预算，从公司管理费中列支。党组织在公司企业职工群众中发挥政治核心作用，在企业发展中发挥政治引领作用，开展合理化建议活动。"

截至2021年11月28日，温岭已有5563家民营企业把类似的"红色条款"写入公司章程。2021年，"党建入章"模块上线后新设立的民营企业全部选择了"党建入章"，较2020年同期增长269%。"现在，温岭企业在平台上申请设立或变更登记时，系统会询问'是否选择党建章程'，企业可自主进行选择。这一做法为全国首创。我们还为各类市场主体定制了21种不同的红色章程模板供选择。"温岭市市场监督管理局党委副书记、副局长阮兢青说，这也让民营企业主从发展初期就高度重视党建工作，扣好"第一粒扣子"。

党的十九届六中全会强调，要激发各类市场主体，特别是中小微企业的活力。民营企业数量约占温岭市企业总数的95%，中小微企业量大面广。而小微企业规模小、从业人员流动性大，党建工作一直是难点。

事实上，温岭早在3年前就开始探索民营企业"党建入章"的做法，但

* 本文原载于2021年12月17日浙江新闻客户端"共产党员杂志"新闻频道。

范围局限在上市公司，数量有限。为何近段时间"党建入章"的温岭民营企业数量会"井喷"？

原来，党史学习教育开展以来，温岭市市场监督管理局充分运用数字化手段，在浙江省全程电子化登记平台上，申请增设了温岭特色子模块，鼓励新办理注册的民营企业将党建条款写进公司章程。在浙江省市场监督管理局的大力支持下，2021年5月，温岭被列为"红色条款进章程"项目的浙江省唯一试点地区。

公司章程是企业内部的"根本法"。"党建入章"，可以让民营企业的党建意识强起来。2020年成立的温岭市海松创客企业管理服务有限公司，前段时间发现党员员工人数超过了3人。"根据公司章程中的党建条款，我们迅速申请成立党支部，并正式获批。"公司的党支部书记江于正表示，公司正在吸引直播电商入驻，他们也将排摸入驻企业中的党员，鼓励其发挥作用。

把党建工作要求写入公司章程，将党建融入企业发展的全过程，作为首批试点的利欧集团浙江泵业有限公司，很早就尝到了甜头。近年来，公司党员项目申报服务队围绕技术创新改造等，开展各类项目达300余个，公司也成功跻身中国上市公司百强。"在公司的快速发展中，党组织和党员发挥了重要作用。"公司党委书记林仁勇表示。

方远·泽国机电创业园的54家小微企业全部实现"党建入章"后，创业园通过党建联盟深入开展"红色互动"。在党建引领下，2020年创业园实现产值8亿元，同比增长44%。

温岭用数字化手段为非公党建赋能，全面深入排摸新党组织和党员的情况，将包括"党建入章"等在内的情况录入信息化平台，通过数据碰撞，建立预警机制，动态掌握相关情况。

温岭市委组织部主要负责人表示，温岭充分运用数字化手段实现"党建入章"，从企业发展之初就进行规范引导，有效提升了民营企业，尤其是小微企业的党建意识，推动了非公企业党建工作不断深化，为民营企业发展注入了"红色动力"。

温岭数字赋能非公企业党建
6828家民营企业选择"红色条款"入章程*

日前，在温岭市行政服务中心，浙江万昌测绘有限公司工作人员在登记注册时，提交了一份含党建条款的公司章程——"根据《中国共产党章程》规定，党员达到规定人数时，设立中国共产党的组织，建立党的工作机构，配备党务工作人员，党组织机构设置、人员编制纳入公司管理机构和编制，党组织工作经费纳入公司预算，从公司管理费中列支。党组织在公司企业职工群众中发挥政治核心作用，在企业发展中发挥政治引领作用，开展合理化建议活动"。

《浙江日报》报道

---

* 本文原载于2022年3月2日《浙江日报》第06版和2022年3月12日《中国市场监管报》第02版。

　　截至2022年2月21日，温岭市已有6828家民营企业把类似的"红色条款"写入公司章程。2022年新设立的民营企业全部选择了"党建入章"，较2021年同期增长296%。"现在，温岭市的民营企业在平台上申请设立或变更登记时，系统会询问'是否选择党建章程'，企业可自主进行选择。我们还为各类市场主体定制了21种不同的章程模板以供选择。"温岭市市场监督管理局党委副书记、副局长阮兢青说。这也让民营企业主从发展初期就高度重视党建工作，扣好"第一粒扣子"。

　　温岭市民营企业数量约占全市企业总数的95%，小微企业数量多，分布面广。小微企业规模小、从业人员流动性大，党建工作一直是难点。自2021年以来，温岭市市场监督管理局充分运用数字化手段，在浙江省全程电子化登记平台上，申请增设特色子模块，鼓励新办理注册的民营企业将党建条款写进公司章程。2021年5月，温岭市被列为"红色条款进章程"项目的浙江省唯一试点地区。

关于开展2021年度小微企业发展和"小个专"党建创新试点工作的通知

浙市监注〔2021〕10号

各市、县（市、区）市场监督管理局：

　　为积极推进全省小微企业和个体工商户创新发展，浙江省市场监督管理局决定开展2021年度小微企业发展和"小个专"党建创新试点工作。现将有关事项通知如下。

一、总体要求

　　深入贯彻落实浙江省委、浙江省政府和国家市场监管总局关于实施小微企业三年成长计划（2021—2023年），持续抓好"小个专"党建工作的部署精神，坚持以企业为中心，以强化党建引领、统筹资源要素、夯实发展基础、提升服务能力为重点，坚持问题导向与目标导向，坚持改革创新、先行先试，紧密结合当地实际，积极探索数字赋能有效路径，优化管理服务政策措施，形成一批可复制、可推广的好经验、好做法，为浙江省推进工作提供借鉴和示范。

二、小微企业发展试点项目及单位

(一) 个体工商户精准培育试点

目标任务：结合个体工商户发展实际情况，建立个体工商户专属培育库。通过归集各部门涉企经营数据，多维度创设信用评级模型，为个体工商户精准画像，在个体工商户信用贷款、县域特色产业发展、帮扶政策精准施策等方面先行先试，探索个体工商户培育升级路径。

试点单位：金华市市场监督管理局、舟山市普陀区市场监督管理局。

(二) 职业技能提升创新试点

目标任务：深入实施"金蓝领"职业技能提升行动，发挥市场监管系统各类院所、中心优势，为小微企业（个体工商户）知识更新和技能培训提供服务。会同人力资源和社会保障、财政等部门，进一步健全培训工作机制，优化培训流程，拓展线上培训渠道，完善培训补贴政策。适应新产业新业态的发展，探索在电子商务、直播带货等新兴领域开展培训。

试点单位：湖州市长兴县市场监督管理局、金华市经济技术开发区市场监督管理局、衢州市龙游县市场监督管理局、台州市椒江区市场监督管理局。

(三) 数字赋能精准服务试点

目标任务：依托浙江省"小微通"平台搭建区域子平台，归集各类惠企政策，对企业实施标签化管理，实现惠企政策精准推送，提升企业政策获得感。探索"小微通"平台闭环管理机制，促进市场监督管理、经济和信息化、税务、人力资源和社会保障等部门数字资源深度共享，重塑数字化服务体系、服务机制和服务模式。

试点单位：杭州市高新技术产业开发区（滨江）市场监督管理局、宁波市奉化区市场监督管理局、嘉兴市平湖市市场监督管理局、台州市临海市市场监督管理局、台州市温岭市市场监督管理局。

（四）线下服务创新试点

目标任务：聚焦小微企业（个体工商户）初创、成长、壮大等不同时期所需的各类服务，建立联企服务员团队和综合服务站点，"面对面"帮助企业对接人力、技术、资金等资源要素，助力小微企业（个体工商户）健康有序发展。

试点单位：嘉兴市市场监督管理局、温州市鹿城区市场监督管理局。

三、"小个专"党建试点项目及单位

（一）互联网企业党建工作试点

目标任务：紧密结合市场监管部门的监督服务职能，充分发挥头部企业作用，探索成立网络电商综合党委，推进淘宝小镇、网商云谷等电子商务产业园党的工作覆盖。组织电商小微企业开展"亮身份、亮承诺、亮形象，争做诚信先锋"行动，引导电商小微企业诚信经营、有序发展。积极推进"云集"等互联网企业供应链党建，以网易严选为试点探索线下连锁经营业态党建新模式。

试点单位：杭州市萧山区市场监督管理局、杭州市余杭区市场监督管理局、杭州市高新技术产业开发区（滨江）市场监督管理局。

（二）"小个专"党建云平台建设试点

目标任务：归集整合"小个专"党支部、党员等数据信息，导入"小个专"党建云平台数据库，实现党建数据展示、基层党组织管理、流动党员管理、网上党建活动、视频教育学习等功能，破解"小个专"集中难、"流动党员"管理难等难题。

试点单位:杭州市上城区市场监督管理局、宁波市宁海县市场监督管理局、温州市文成县市场监督管理局、嘉兴市平湖市市场监督管理局、绍兴市柯桥区市场监督管理局、金华市浦江县市场监督管理局、台州市温岭市市场监督管理局、台州市仙居县市场监督管理局、金华市义乌市市场监督管理局中国小商品城分局。

(三)"红色条款进章程"试点

目标任务:将党建条款写进民营企业章程,推动党组织领导核心和政治核心作用组织化、制度化、具体化,使党的建设融入现代企业治理。

试点单位:台州市温岭市市场监督管理局。

(四)"小个专"红色阵地创新试点

目标任务:整合区域党建资源,打造具有浙江特色的党群服务中心、党建综合体、行业党建联盟等"小个专"红色阵地。结合市场监管部门职能,积极开展"联企优服务"活动,推进"党建强、发展强"。探索搭建"小个专"党建直播平台,运用新媒体新形式传递党的声音。

试点单位:温州市市场监督管理局、丽水市市场监督管理局、杭州市临安区市场监督管理局、宁波市象山县市场监督管理局、湖州市安吉县市场监督管理局、台州市临海市市场监督管理局。

四、保障措施

(一)加强组织领导

开展创新试点工作,是巩固工作成果、推进工作深入发展的有益尝试。

各试点单位要高度重视，积极争取政府和有关部门的支持，开拓思路，勇于创新，积极探索，加强人员、经费保障，确保试点工作顺利开展。各市市场监督管理局要加大对试点工作的指导力度，加强统筹协调、业务指导和跟踪问效，帮助解决试点工作中遇到的困难和问题，确保试点工作有序推进。浙江省市场监督管理局将通过会议、培训、研讨等方式，加强试点工作经验交流，定期对各地试点工作进展情况进行通报。

（二）精心组织实施

各单位要按照试点工作的总体思路和要求，制订切实可行的实施方案，细化目标任务、具体举措、进度安排、保障措施等，试点方案经各市市场监督管理局汇总后于2021年6月15日前报浙江省市场监督管理局。试点期间应主动向上级部门做好进展情况汇报，各试点项目应在9月底前取得阶段性成效，11月底前完成试点任务。

（三）抓好评估督导

浙江省市场监督管理局将适时对试点工作进行评估和督导，针对试点过程中遇到的问题，指导试点单位边试点、边改进。建立健全试点工作激励机制和容错纠错机制，充分调动基层干部干事创业的积极性、主动性和创造性，鼓励引导基层干部努力改革创新、攻坚克难、担当作为。2021年12月底前，将总结推广好的试点经验、做法，制定完善相关政策措施，推动相关工作全面开展。

浙江省市场监督管理局

2021年5月31日

党建条款章程样本

××有限公司章程

第一章　总　则

第一条　为规范公司的组织和行为,维护公司、股东和债权人的合法权益,根据《中华人民共和国公司法》(以下简称《公司法》)、《中国共产党章程》和有关法律、法规规定,结合公司的实际情况,特制订本章程。

第二条　公司名称:××有限公司。

第三条　公司住所:××××××。

第四条　公司在温岭市市场监督管理局登记注册,公司经营期限为××,自公司登记机关核准登记之日起计算。

第五条　公司为有限责任公司。实行独立核算、自主经营、自负盈亏。股东以其认缴的出资额为限对公司承担责任,公司以其全部资产对公司的债务承担责任。

第六条　公司坚决遵守国家法律、法规及本章程规定,维护国家利益和社会公共利益,接受政府有关部门监督。

第七条　本公司章程对公司、股东、执行董事、监事、高级管理人员均具有约束力。

第八条　本章程由股东制订,在公司注册后生效。

第二章　公司的经营范围

第九条　本公司经营范围为：×××××（以公司登记机关核定的经营范围为准）。

第三章　公司注册资本

第十条　本公司认缴注册资本为××万元。

第四章　股东的名称（姓名）、出资方式及出资额和出资时间

第十一条　公司由××个股东投资。

股东一：×××。

家庭住址：×××××。

身份证号码：×××××××××××××××××。

以货币方式认缴出资××万元，占注册资本的××％，将在××××年××月××日前足额缴纳。

股东二：××有限公司。

法定代表人姓名：×××。

法定地址：浙江省×××××。

以货币方式认缴出资××万元，占注册资本的××％，将在××××年××月××日前足额缴纳。

股东三：×××。

家庭住址：×××××。

身份证号码：×××××××××××××××××。

以货币方式认缴出资××万元，占注册资本的××％，将在××××年××月××日前足额缴纳。

股东四：×××。

家庭住址：××××××。

身份证号码：×××××××××××××××××××。

以货币方式认缴出资××万元，占注册资本的××%，将在×××

年××月××日前足额缴纳。

．．．．．．．．．．．．

股东以非货币方式出资的，应当依法办妥财产权的转移手续。

第五章　公司的机构及其产生办法、职权、议事规则

第十二条　根据《中国共产党章程》规定，党员达到规定人数时，设立中国共产党的组织，建立党的工作机构，配备党务工作人员，党组织机构设置、人员编制纳入公司管理机构和编制，党组织工作经费纳入公司预算，从公司管理费中列支。党组织在公司企业职工群众中发挥政治核心作用，在企业发展中发挥政治引领作用，开展合理化建议活动。

第十三条　公司股东会由全体股东组成，股东会是公司的权力机构，依法行使《中华人民共和国公司法》第三十七条规定的第一项至第十项职权，还有职权为：

（一）对公司为公司股东或者实际控制人提供担保做出决议；

（二）对公司向其他企业投资或者为除本条第一项以外的人提供担保做出决议；

（三）对公司聘用、解聘承办公司审计业务的会计师事务所做出决议。对前款所列事项股东以书面形式一致表示同意的，可以不召开股东会会议，直接做出决定，并由全体股东在决定文件上签名、盖章。

第十四条　股东会的议事方式。

股东会以召开股东会会议的方式议事，法人股东由法定代表人参加，自然人股东由本人参加，因事不能参加的可以书面委托他人参加。

股东会会议分为定期会议和临时会议两种：

（一）定期会议。

定期会议一年召开一次，时间为每年三月召开。

（二）临时会议。

代表十分之一以上表决权的股东、执行董事、监事提议召开临时会议的，应当召开临时会议。

第十五条 股东会的表决程序。

（一）会议通知。

召开股东会会议，应当于会议召开十五日以前通知全体股东。

（二）会议主持。

股东会会议由执行董事召集和主持，执行董事不能履行或者不履行召集股东会会议职责的，由监事召集和主持，监事不召集和主持的，代表十分之一以上表决权的股东可以召集和主持。股东会的首次会议由出资最多的股东召集和主持，依照《中华人民共和国公司法》规定行使职权。

（三）会议表决。

股东会会议由股东按出资比例行使表决权，股东会每项决议需代表多少表决权的股东通过规定如下：

1. 股东会对公司增加或减少注册资本、分立、合并、解散或变更公司形式做出决议，必须经代表三分之二以上表决权的股东通过；

2. 公司可以修改章程，修改公司章程的决议必须经代表三分之二以上表决权的股东通过；

3. 股东会对公司为公司股东或者实际控制人提供担保做出决议，必须经出席会议的除上述股东或受实际控制人支配的股东以外的其他股东所持表决权的过半数通过；

4. 股东会的其他决议必须经代表二分之一以上表决权的股东通过。

（四）会议记录。

召开股东会会议，应详细做好会议记录，出席会议的股东应当在会议记录上签名。

第十六条 公司不设董事会,设执行董事一人,由股东会选举产生。

第十七条 执行董事对股东会负责,依法行使《中华人民共和国公司法》第四十六条规定的第一至第十项职权。

第十八条 执行董事每届任期三年,执行董事任期届满,可以连选连任。执行董事任期届满未及时更换,或者执行董事在任期内辞职的,在更换后的新执行董事就任前,原执行董事仍应当依照法律、行政法规和公司章程的规定,履行执行董事职务。

第十九条 公司设经理,由执行董事聘任或者解聘,经理对执行董事负责,依法行使《中华人民共和国公司法》第四十九条规定的职权。

第二十条 公司不设监事会,设监事一人,由非职工代表担任,经股东会选举产生。

第二十一条 监事每届任期三年,监事任期届满,可以连选连任。监事任期届满未及时更换,或者监事在任期内辞职的,在改选出的监事就任前,原监事仍应当依照法律、行政法规和公司章程的规定,履行监事职务。执行董事、高级管理人员不得兼任监事。

第二十二条 监事对股东会负责,依法行使《中华人民共和国公司法》第五十三条规定的第一至第六项职权。

监事可以列席股东会会议。监事如发现公司经营情况异常,可以进行调查;必要时,可以聘请会计师事务所等协助其工作,费用由公司承担。

第六章 公司的股权转让

第二十三条 公司的股东之间可以相互转让其全部或者部分股权。

第二十四条 股东向股东以外的人转让股权,应当经半数以上其他股东同意。股东应就其股权转让事项书面通知其他股东征求同意,其他股东自接到书面通知之日起满三十日未答复的,视为同意转让。半数以上其他股东不同意转让的,不同意的股东应当购买该转让的股权;不购买的,视为同意转让。经股东同意转让的股权,在同等条件下,其他股东有优先购买权。两个以上股东主张行使优先购买权的,协商确定各自的购买比例;协商不成的,按照转让时各自的出资比例行使优先购买权。

第二十五条　本公司股东转让股权,不需要召开股东会。股东转让股权按本章程第二十三条、第二十四条的规定执行。

第二十六条　公司股权转让的其他事项按《中华人民共和国公司法》第七十二条至第七十五条规定执行。

第七章　公司的法定代表人

第二十七条　公司的法定代表人由执行董事担任。

第八章　附　则

第二十八条　本章程原件每个股东各持一份,送公司登记机关一份,公司留存三份。

×× 有限公司全体股东

股东签章:

×××× 年 ×× 月 ×× 日

第二章

商事登记标准化建设工作

自"最多跑一次"改革以来,温岭市市场监督管理局积极推进商事登记窗口标准化建设,经过一段时间的探索,在推行事项要素、办事流程、人员设施、平台数据、支撑模式、监督考核等方面的标准化上取得了一定的成效,积累了一定的经验,急需通过标准化建设将改革经验提升形成标准文件。2018年8月,在《浙江省质量技术监督局关于下达 2018 年标准化战略重大试点项目和省级标准化试点项目的通知》中,温岭市市场监督管理局的商事登记省级标准化试点项目获批,系浙江省市场监督管理系统唯一。

2019年3月28日,温岭市市场监督管理局发布《温岭市商事登记标准体系》(WLSSDJ 02—2019),体系涵盖通用基础标准、服务标准、管理标准三大方面,收录相关法律法规79项,梳理国家、行业标准33项,采纳原有制度文件17项,提炼总结标准规范24项,规范商事登记服务和管理各个环节。其中,《商事主体延续转型服务规范》为台州市级标准,在全市推广。

温岭市获批商事登记省级标准化试点
浙江省唯一*

日前,温岭市获批省级标准化项目——商事登记省级标准化试点,为浙江省市场监督管理系统唯一试点。这意味着"温岭经验"或将上升为省级地方标准,以标准化助推"最多跑一次"改革。记者了解到,作为"最多跑一次"改革的重要内容,温岭市市场监督管理局紧扣集中审批主线,通过再造优化商事登记流程,进一步降低制度性交易成本,强化"减权力""提效力""加活力""强推力",全面推行"所有审批事项在窗口、所有审批权限在窗口、所有审批流程在窗口、所有审批办结在窗口"改革新模型,行政审批事项进驻率100%,授权到位率100%,实现市场监管领域行政审批事项"跑一次"覆盖率100%。

"有了这张执照,我们今后就可以拓展对外业务了。"杨先生是箬横镇一家焊接设备企业的负责人,他所说的这张执照是温岭市行政服务中心商事登记(证照联办)综合窗口颁出的一张"十二证合一"营业执照,也是商事登记"一窗通办"标准化建设的其中一项内容。

为了压缩办事时限,温岭市市场监督管理局全面启动"一窗受理、集成服务"业务办理新模式,建立导办区、自助区、待办区、办理区四大服务区块,规范审批流程和流转时限,开展以"一键取号、一打就通、一口说清、

---

* 本文原载于2018年8月28日浙江新闻客户端,标题有改动。

温岭市行政服务中心商事登记综合窗口日常业务办理

一站导办、一窗受理、一网通办、一次办结、一单速达"为主要内容的窗口标准化建设,还出台了《温岭市注册登记审核合一工作方案》,梳理形成证照联办、多证合一办事指南,推行"区域通办、科所联动、审核合一"和工商登记全程免费代办等多模式行政审批制度,推广"科长值班制、容缺受理制、干部体验制"系列服务效能机制,全面启动全流程电子化登记模式,应用"一窗受理"云平台,构建功能集成、线上线下一体化、联网互动的办事服务体系。通过涉企数据交互、企业登记全程电子化、市镇两级同权受理、审核合一等机制,公众可"一站式"办齐企业名称预先核准、申请受理、审批核准、颁发证照等所有手续。

不久前,温岭市市场监督管理局还进一步简化企业从设立到具备一般性经营条件所必须办理的环节,压缩办理时间,实现常态化企业开办从受理到领取税务发票3个工作日,即在3个工作日内完成商事登记、企业刻章、银行开户、领取税务发票4个流程,进一步提高开办企业便利度,提升营商环境。

温岭市市场监督管理局相关负责人介绍，商事登记"一窗通办"改革推广以来，226项"最多跑一次"事项中，"即时办"事项达59项，"零次跑"事项达65项。截至8月中旬，共核发食品"三小""证照合一"营业执照6016份，审批流程简化50%，提交材料减少15%；办理"多证合一"2369件，对货物和技术进出口企业实施"十二证合一"，审批提速80%；"审核合一"模式下办结事项3045件，平均缩短审批时限达30%以上。

如今，温岭市市场主体总量已达115992户，创历史新高，比2017年净增4128家，比2014年增长26.76%，日均新设市场主体51.54户。

浙江省标准化研究院支撑温岭市商事登记省级标准化试点高分通过验收[*]

12月6日，浙江省市场监督管理局组织专家对温岭市商事登记省级标准化试点项目进行验收评估。该项目由浙江省标准化研究院下属浙江省方大标准信息公司（简称"方大公司"）提供技术支撑，并以93.5的高分通过验收。

自试点立项以来，温岭市以标准化引领商事登记制度创新、管理创新、方式创新，以深化"最多跑一次"改革和商事制度改革为方向，全面结合温岭市商事登记服务的管理经验和社会需求，在方大公司的指导下，构建了一套架构合理、切实可行的商事登记标准体系。该体系包括通用基础标准子体系33项标准、服务标准子体系18项标准和管理标准子体系25项标准。与此同时，还制订了"企业开办一日办结""企业注销便利化""商事主体延续转型""免费代办"等特色服务标准。其中《商事主体延续转型服务规范》已成为台州市地方标准。

经过一年多的标准化建设，温岭市商事登记改革结出了丰硕成果，取得了良好的社会、经济效益：一是在浙江省率先探索商事主体延续转型登记模式，破解了商事主体承继问题，已有61家企业实现延续转型；二是在浙江省率先探索药店全生命周期"一件事改革"，实现审批材料减少60%，

---

* 本文原载于2019年12月7日浙江省标准化研究院官方网站，标题有改动。

温岭市商事登记省级标准化试点验收评估会现场

审批提速80%以上；三是全面实现企业开办"一日办结"和企业注销便利化，覆盖市镇两级。2019年前三季度，温岭市市场主体总数相比2018年同期增长17.75%；新设市场主体13802户，同期增长23.25%，位列台州市第一；免费代办服务累计9663项，为企业节省中介代理费用约277.5万元。相关改革工作获省、市各级领导批示10余次，媒体报道和各地区参观学习不断。

本次温岭市商事登记省级标准化试点通过验收，将为浙江省乃至全国提供商事登记标准化工作经验。下一步，浙江省标准化研究院将继续支撑温岭市在现有成绩基础上做好进一步的经验提炼和标准固化，努力提高服务质量和群众满意度，形成更多更好的"温岭样板"和"温岭经验"。

温岭市商事登记省级标准化试点项目
高分通过验收评估*

　　93.5分！12月6日，温岭市商事登记省级标准化试点项目高分通过验收评估。

　　2018年8月，温岭市获批商事登记省级标准化试点，系浙江省唯一。自试点项目开展以来，温岭市坚持问题导向、需求导向、效果导向，以标准化引领商事登记制度创新、管理创新、方式创新，深入推进"最多跑一次"改革，全面提升商事登记便利化、规范化水平，实现"市场有效、政府有为、企业有利"的有机统一，努力为浙江省商事登记工作提供可复制、可借鉴、可推广的"温岭经验"。

　　试点取得了显著的经济、社会效益。2019年前三季度，温岭市市场主体总数相比2018年同期增长17.75%；新设市场主体13802户，同期增长23.25%，位列台州市第一；注册资金总数1678.44亿元，同期增长10.51%。商事登记免费代办服务累计9663项，为企业节省中介代理费用约277.5万元。与此同时，《浙江省区域市场主体准入环境评估报告（2018年第二季度卷）》显示，温岭市在全省89个县（市、区）中名列第六，进入市场准入环境第一梯队；2019年全国营商环境百强县排名中，温岭市进入全国前20位。

---

* 本文原载于2019年12月10日《温岭日报》第01版。

　　试点项目在推动温岭市商事登记便利化、优化营商环境、激发经济发展动力的同时,也为全省商事登记制度改革提供了"温岭经验"。比如,在推进常态化企业开办实践过程中形成的《常态化企业开办服务规范》,被纳入商事登记标准化标准体系。编制的《商事主体延续转型服务规范》,目前已成为台州市级地方标准,即将在台州各县(市、区)复制推广。

绘就营商环境"优化图"
打造商事登记"温岭标准"

　　温岭市地处浙江东南沿海,长三角地区的南翼,是台州市所辖县级市,居2019年度全国综合实力百强县市第三十四名。温岭市民营经济发达,中小企业众多。截至2019年10月底,温岭的市场主体总数达到116629户,位列台州市第一,约占台州市总量的19.13%,注册资金总数超1689.7亿元。

　　2017年以来,温岭市坚定不移地以"既要跑得早,更要跑得久、跑得好"为目标,不断优化商事登记制度,纵深推进"最多跑一次"改革。推进"证照联办""多证合一"改革和工商登记全程免费代办,规范审批流程和流转时限,通过建立涉企数据交互、企业登记全程电子化、市镇两级同权受理、审核合一等机制,公众可"一站式"办齐企业名称登记、企业登记申请、许可申请、领取证照等环节所有手续,实现了工商、食品药品监督管理、质量监督领域行政审批事项"最多跑一次"覆盖率100%。2017年,温岭市在浙江省89个县(市、区)"最多跑一次"改革过程性指标考核排名中位列第一,温岭市市场监督管理局被评为浙江省工商系统落实"最多跑一次"改革先进集体。

　　温岭市以优化营商环境、激发市场活力为目标,提供政策洼地,构建服务高地,把商事登记服务作为推动民营经济发展,增强市场经济活力的有效推手。2018年8月,浙江省质量技术监督局下达 2018 年标准化战略重大试点项目和省级标准化试点项目的通知,温岭市获批商事登记省级标准化试点,系浙江省市场监督管理系统唯一。

试点下达以后,温岭市把标准化作为基础工作和长效机制,坚持需求导向和效果导向,全面深化"最多跑一次"改革和商事制度改革,以整体政府思维,探索企业全流程"一件事"审批服务,优化市场主体准入环境,全面提升商事登记便利化规范化水平,实现政府有为、市场有效、企业有力的统一。经过一年多的试点建设,构建了一套涵盖通用基础分体系、服务标准分体系、管理标准分体系的商事登记标准体系,努力为浙江省商事登记工作提供可复制可推广的"温岭经验"。

一、经验上升标准,下好试点"一盘棋"

(一) 部门联动,凝聚工作合力

成立以时任温岭市委常委、副市长蓝景芬为组长,市政府办公室、市委机构编制委员会办公室、市市场监督管理局、市行政服务中心主要领导为副组长,22个部门分管领导为成员的领导小组。领导小组下设办公室,作为项目日常管理的运行机构。在此基础上,成立专门的试点工作小组,确定标准化专兼职人员,推进工作全面实施,同时邀请专业的标准化机构为试点提供技术支撑,定期召开内部会议,按计划推进工作开展。

制订并下发《温岭市人民政府办公室关于成立温岭市商事登记省级标准化试点项目领导小组的通知》《关于成立温岭市商事登记省级标准化试点项目工作小组的通知》《温岭市商事登记省级标准化试点项目实施方案》等文件,明确阶段目标、工作步骤,分工到步、责任到人,召开项目动员会,时任温岭市委常委、副市长、领导小组组长蓝景芬发表讲话,强调试点意义,部署试点任务,正式启动试点建设。

（二）顶层设计，构建标准体系

参考《标准体系构建原则和要求》(GB/T 13016—2018)、《服务业组织标准化工作指南》(GB/T 24421)、《政务服务中心标准化工作指南第二部分:标准体系》(GB/T 32170.2—2015) 等国家标准和相关资料,围绕"体现商事登记工作的特点,凸显温岭特色""提高服务质量,进一步满足群众和企业的需求""全面协调开展工作,实施统一管理"等原则,搭建温岭市商事登记服务的全局架构,构建一套"最多跑一次"改革和商事制度改革下科学规范、可复制、可推广的温岭市商事登记标准体系。体系涵盖通用基础标准、服务标准、管理标准三大方面,梳理相关法律法规79项,梳理国家、地方标准33项,采纳原有制度文件《温岭市市场监督管理局行政审批首问责任制度》等17项,提炼总结《常态化企业开办服务规范》等标准规范24项。

（三）彰显特色，科学制订标准

2018年12月,领导小组发布《标准制修订计划》,启动标准编写工作,明确配合部门与时间节点,以"可查、可看、可用"为原则,注重标准可理解性和可操作性,经过反复的讨论与修改,经相关业务部门负责人签字确认,2019年4月,标准体系和体系内标准发布实施,规范了商事登记服务和管理的各个环节。2019年6月,《商事主体延续转型服务规范》台州市级地方标准成功立项,经过专家研讨、征求意见、专家评审等阶段,进入报批和编号发布签署阶段。

（四）标准落地，推进培训实施

制订培训计划,先后召开标准化基础知识、标准体系策划、重点标准、现场管理等多次培训活动,开展集中培训6次,分散培训21次,持续提升服务能力和水平，营造良好的标准学习氛围；制订标准实施计划，在市行政服务中心和全市17个便民服务中心实施相关标准，开展标准实施自查和监督检查工作；制订持续改进方案，从组织架构、标准制修订、标准实施等方面，持续完善试点工作机制、及时修订与完善相关标准、落实整改存在问题，形成完整档案记录，做好试点工作的阶段性总结和对比分析。

二、标准助推改革，打好服务"组合拳"

（一）打造商事登记综合服务区，打好现场管理"基础拳"

全面推进政务服务"无差别受理"与"受办"分离改革，推动市场监督管理、烟草、卫生健康、交通、农林、文化广播电视新闻出版、税务等21个部门涉企事项进驻商事登记综合服务区，由综合窗口统一承担办事材料收取、受理审核、证照发放等职能，实现商事登记"只进一扇门，最多跑一次"。

着力打造整洁、有序、温馨的办事大厅，制订形成《空间管理规范》《物品摆放管理规范》《大厅设施设备管理规范》等标准，以"服务功能集中性""定位布局合理性"为原则，将服务大厅规划为"咨询导服区""窗口服务区""代办区""后台办公区"，邀请专业的设计公司，对窗口物品和设施设备实施定位、定量管理，对相关引导、提示标识进行重新设计，完成服务大厅标准化、规范化布局。

打造专业化的代办队伍和综合受理队伍，制订形成《服务礼仪要求》《商事登记工作岗位标准》《导询服务规范》等标准。代办人员由窗口业务骨干进行"一对一"指导，轮流在咨询、免费代办、企业名称初审和受理等窗口学习。工作过程中，业务骨干适时巡查，及时纠错，确保业务水平；对受理工作人员进行全方位、多技能培训，推进"两学一做"学习教育常态化制度化,不断提升人员综合能力、服务水平和文明形象,打造高素质、高标准、高效率的"三高"服务队伍。

(二) 推进多部门联动办理,打好流程再造"进阶拳"

对涉及工商登记及其前置审批、后置审批和备案备查类事项进行全面梳理,整合为"多证合一""证照联办"事项目录,发布涉企证照由市场监管部门通办具体目录清单,在台州全市最早完成"涉企证照通办"办事指南编制,制订《涉企证照事项办理服务规范》,实现涉企证照业务"网上申报""全科受理""受办分离",工作得到温岭市委原常委陈曦的高度肯定。开展企业全生命周期"一件事"改革,在涉企"证照联办"的基础上,重新梳理"一件事"事项。在浙江省率先探索药店全生命周期"一件事"改革,实现审批材料减少60%,审批提速80%以上,构筑药品经营许可快车道。开展诊所、民办教育培训"一件事"改革,落实涉及卷烟零售、美容美发、洗浴服务、医疗器械、普通货物运输等12个事项通过浙江省商事登记证照联办平台办理。截至2019年10月底,温岭通过该平台共办理各类事项2340件。

开启"线上+线下"双渠道,全面应用"企业开办全程网上办平台",推进税务部门、商业银行服务联合体、印章刻制企业联盟代表集中进驻市行政服务中心窗口。制订形成《常态化企业开办服务规范》,相关事项办理纳入企业开办"一件事"闭环,为新设立企业提供执照办理、公章刻制、税务发票申领、银行开户等"全链条"服务。目前,市行政服务中心、各镇(街道)便民服务中心均实现"一天办结",截至2019年10月底,共办理5743家,实现率100%。工作得到时任温岭市委常委、副市长蓝景芬的批示肯定。

温岭市市场监督管理局在浙江省率先出台《关于推进企业注销便利化工作实施方案》,同时制订《企业注销便利化服务规范》,通过"企业注销一网服务平台"实现共性材料一次采集、多方复用，再造注销业务流程，实现市场监督管理、税务、商务、海关、人力资源和社会保障5个部门注销业务信息共享、同步指引，变"多件事"为"一件事"、"多头跑"为"一网办"，实施以来全市共有4366家企业受益。工作得到时任浙江省市场监督管理局局长冯水华的批示肯定。

（三）突破政策藩篱，打好制度改革"创新拳"

在浙江省率先探索的商事主体延续转型登记模式，被列入台州市政府常务会议深化商事登记改革四大举措之一，制订的《商事主体延续转型服务规范》成为台州市级标准，即将在台州市推广。该模式突破原先"个转企""二次转型"只能通过"一注一开"的登记模式，直接通过变更登记办理商事主体延续转型，审批环节缩减50%，以变更方式核准新的名称，保持档案延续性，实现主体资格延续，破解商事主体承继问题。相关工作经验被《浙江政府信息》（专报）录用并上报国务院办公厅。

深入践行"妈妈式"服务理念，突破原先地域限制，简化登记手续，实现企业登记"区域通办""异地迁移一地办理"，推进地域"无差别受理"，提高"一件事"办理集成度；探索个体工商户简易注册登记、"营业转让"等创新模式，实现个体工商户注册登记"口头申报、自主承诺、当场发照"和营业自由转让，不断扩大商事制度改革的受益面。提炼形成《"区域通办"登记服务规范》《企业异地迁移登记"一地办理"服务规范》《个体工商户简易注册登记服务规范》等标准成果。

（四）深化"一站式"集成办理，打好服务举措"便民拳"

制订《商事登记免费代办服务规范》，在市行政服务中心搭建包括导办区、自助区、代办区的免费代办平台，提供辅助取号、业务咨询、服务引导、填表指导等贴心服务，帮助完成申请表格填写和文书起草，并扫描身份证、场所证明等相关资料帮助网上申报,全流程无偿代办。

制订《注册登记银行网点代办服务规范》,充分发挥银行网点分布广、人力资源丰富的优势,积极与中国工商银行、台州银行等开展合作试点,指导银行网点免费为企业代办名称核准、工商注册登记、代领营业执照、银行账户开立等在内的"一站式"综合服务,推进服务端口前移,深化政府与银行合作,为企业节约了大量人力、财力及时间成本。

全面推广企业登记全程电子化平台、企业开办全程网上办理平台、"证照联办"平台、企业注销"一网服务"平台等平台应用,在市行政服务中心"自助区"设置自助服务终端、电脑、打印机等设备,指导群众通过网上平台自主开展商事登记业务全流程、半流程网上申报,设置网上申报咨询专人专岗,实现从申报到领取营业执照一体化,目前商事登记业务已实现100%线上办结。

三、试点凸显成效,绘出营商环境"一张图"

(一)降低制度性交易成本,绘出营商环境"经济效益图"

温岭市持续优化推进商事登记制度,纵深推进"最多跑一次"改革,开创了商事登记免费代办服务、商事主体延续转型服务等举措,取得了良好的经济效益。2019年前三季度民间投资增速20.1%,工业增加值284.96亿元,温岭市市场主体总数相比2018年同期增长17.75%,比2017年同期增长38.81%;注册资金总数达1678.44亿元,比2018年同期增长10.51%,比2017年同期增长29.73%;2019年1—10月,温岭市新设市场主体14931户,比2018年同期增长21.87%,位列台州市第一。

其中,温岭市提供商事登记免费代办服务累计9663项,为企业节省中介代理费用约277.5万元。商事主体延续转型后,企业知名度和社会认可度大大提升，对其产值的增加具有重要的推动作用。纳入统计的25家企业，转型后年产值共增加约10660万元。

（二）释放改革红利，绘出营商环境"社会效益图"

温岭市商事登记工作取得了显著的社会效益，受到了企业和群众的一致好评，社会影响力持续提升，工作受到各级媒体广泛报道，成为优化营商环境、促进企业质量提升的有力手段。

2018年7月，浙江昌华建筑科技有限公司向温岭市市场监督管理窗口赠予锦旗；2018—2019年，温岭市市场监督管理局接待相关地区的参观学习共计32次；相关工作发布于各级媒体的共78篇（国家级媒体13篇，省级媒体40篇，市、县级媒体25篇）。

（三）呈现改革风采，绘出营商环境"创新丰收图"

温岭市市场监督管理局深入贯彻落实国务院"放管服"（简放政权、放管结合、优化服务）改革要求和浙江省委省政府"最多跑一次"改革部署，践行以人民为中心的发展思想，以更快更好方便企业和群众办事创业为导向，构建"宽进、快办、严管、便民、公开"的政务服务模式，不断优化有利于创新创业的营商环境。温岭市在2018年第二季度市场主体准入环境在全省89个县（市、区）中名列第六，温岭市市场监督管理局获得2018年台州市"五心""妈妈式"服务先进集体。商事登记窗口获得2018年市政府年度实干论英雄先进集体，市场监管窗口获得2018年度浙江省三八红旗集体。2019年全国营商环境百强县排名中温岭列全国第二十位。

（四）固化改革成果，绘出营商环境"温岭标准图"

温岭市市场监督管理局努力将改革实践升华到理论和标准化高度，进一步固化改革成果，并更好地指导改革实践。在商事登记改革过程中，温岭市市场监督管理局规范融合线上、线下"一窗受理、一网通办"集成服务做法,提炼形成商事登记标准体系,在市行政服务中心商事登记综合服务区和温岭17个便民服务中心窗口推广实施,实现商事登记服务"简化办理""快速办理""就近办理";由商事主体延续转型登记模式形成的《商事主体延续转型服务规范》,上升成为台州市级标准,将在台州全市推广实施。温岭市市场监督管理局以优化营商环境、激发市场活力为目标,把商事登记标准化试点作为推动民营经济发展、增强市场经济活力的有效推手,注入体制机制的创新动力,推动温岭市商事登记工作继续领跑浙江省,谱写时代发展新篇章。

温岭市商事登记标准

WLSSDJ 02—2019

温岭市商事登记标准体系

2019-03-28 发布　　　　　　　　　　　　　　2019-04-08 实施

温岭市商事登记省级标准化试点领导小组办公室　发布

温岭市商事登记标准体系

1 范围

本标准规定了温岭市商事登记标准体系的编制原则、体系结构、标准分类编码规则、体系明细表等内容。

本标准适用于温岭市商事登记标准体系的建立与管理。

2 规范性引用文件

下列文件对于本文件的应用是必不可少的。凡是注日期的引用文件，仅所注日期的版本适用于本文件。凡是不注日期的引用文件，其最新版本（包括所有的修改单）适用于本文件。

GB/T 13016 标准体系表编制原则和要求。

GB/T 32170.2 政务服务中心标准化工作指南 第二部分：标准体系。

3 编制原则

GB/T 13016标准体系表编制原则和要求规定的原则适用于本文件。

4 体系结构

4.1 概述

本标准体系按GB/T 32170.2要求，结合工作实际，由通用基础标准、服务标准、管理标准三大分体系组成，如图1所示。

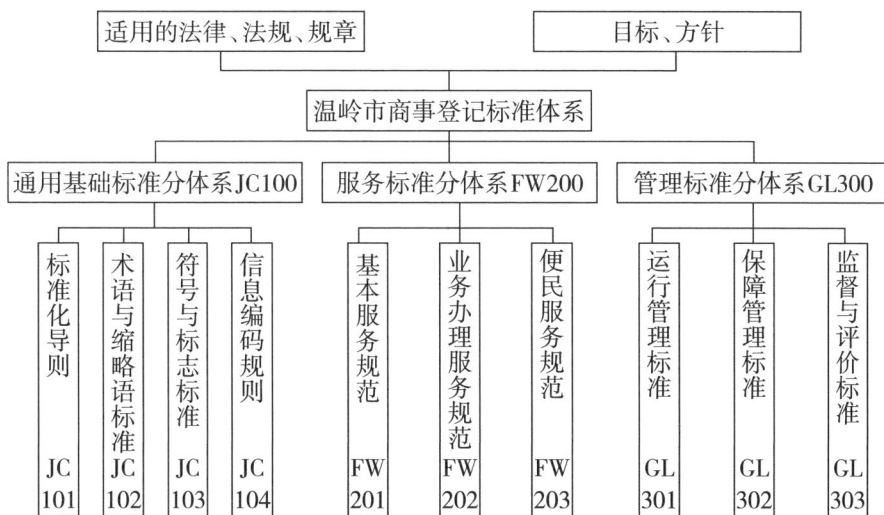

图1 商事登记标准体系框架图

4.2 分体系结构

4.2.1 通用基础标准分体系,如图2所示。

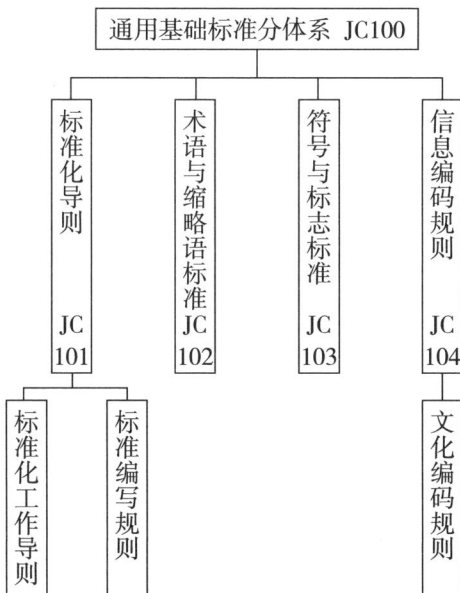

图2 通用基础标准分体系层次结构图

4.2.2 服务标准分体系，如图3所示。

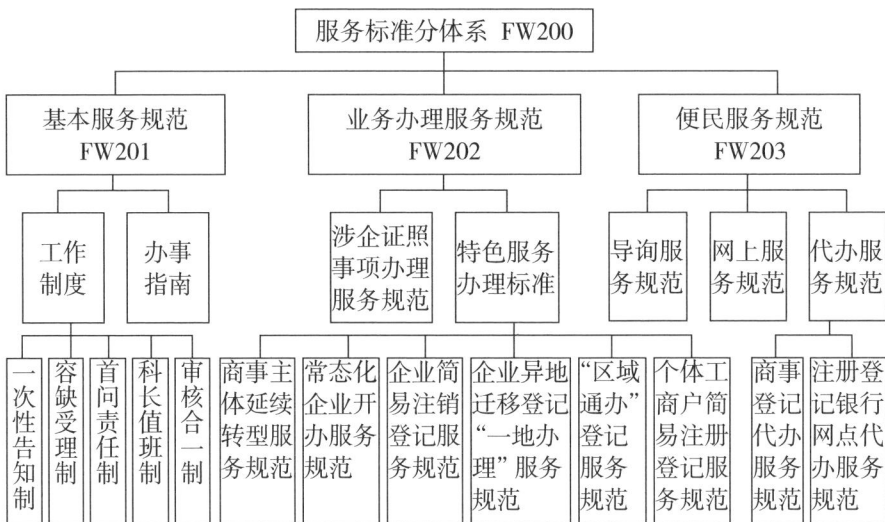

图3 服务标准分体系层次结构图

4.2.3 管理标准分体系，如图4所示。

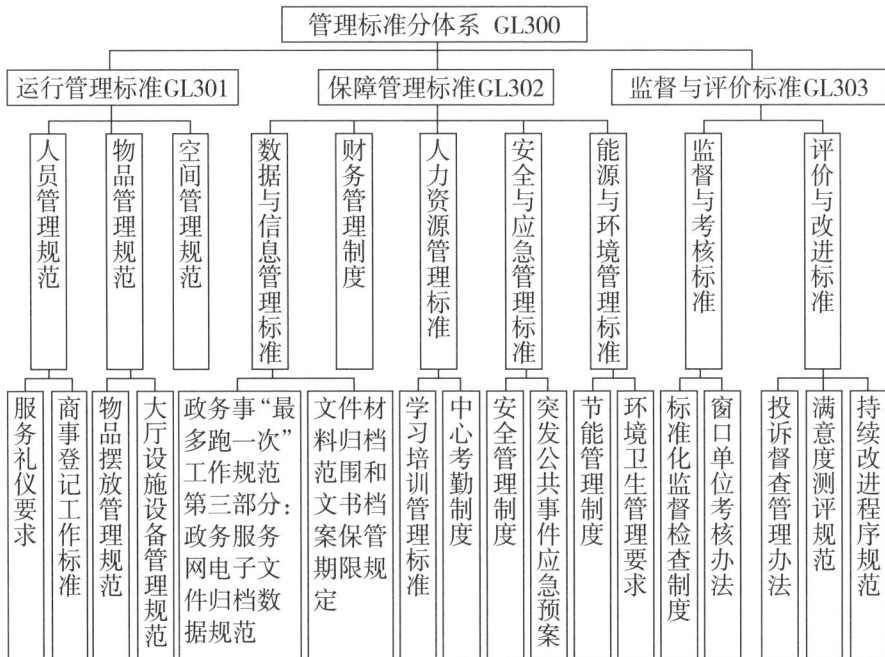

图4 管理标准分体系层次结构图

5　标准分类编码规则

标准体系结构图参照GB/T 32170.2中的要求进行设计，体系编码由标准体系结构图中的代号类别和三位阿拉伯数字的流水号组成。

通用基础标准分体系中的第一个标准"标准化工作导则 第一部分：标准的结构和编写"，编号为JC 101—001。

服务标准分体系的第一个标准"政务办事'最多跑一次'工作规范 第二部分：一窗受理、集成服务"，编号为FW 201—001。

管理标准分体系的第一个标准"政务服务中心服务现场管理规范"，编号为GL 301—001。

6　温岭市商事登记标准体系明细

温岭市商事登记标准体系明细表参见规范性附录A。

7　温岭市商事登记标准体系统计表

温岭市商事登记标准体系各类标准统计如表1—表5所示。

表 1　法律法规统计表

序号	类　别	数　量
1	标准化法规和标准化管理规定	5
2	法　律	6
3	行政法规	8
4	部门规章	9
5	地方法规、政府规章	7
6	其他规范性文件	44
7	方针目标	1
合　计		80

表 2 温岭市商事登记服务标准体系统计汇总表

序号	类　别	数　量							合计
		国家标准		行业标准		地方标准		试点标准	
		强制性	推荐性	强制性	推荐性	强制性	推荐性		
1	通用基础标准	2	27	0	0	0	1	3	33
2	服务标准	0	0	0	0	0	1	17	18
3	管理标准	0	2	0	0	0	2	21	25
	合计	2	29	0	0	0	4	41	76

表 3 通用基础标准统计表

序号	类　别	数　量							合计
		国家标准		行业标准		地方标准		试点标准	
		强制性	推荐性	强制性	推荐性	强制性	推荐性		
1	标准化导则	0	16	0	0	0	1	2	19
2	术语与缩略语标准	0	4	0	0	0	0	0	4
3	符号与标志标准	2	4	0	0	0	0	0	6
4	信息编码规则	0	3	0	0	0	0	1	4
	合计	2	27	0	0	0	1	3	33

表 4 服务标准统计表

序号	类　别	数　量							合计
		国家标准		行业标准		地方标准		试点标准	
		强制性	推荐性	强制性	推荐性	强制性	推荐性		
1	基本服务标准	0	0	0	0	0	1	6	7
2	业务办理服务标准	0	0	0	0	0	0	7	7
3	便民服务标准	0	0	0	0	0	0	4	4
	合计	0	0	0	0	0	1	17	18

表 5 管理标准统计表

序号	类　别	数　量							合计
		国家标准		行业标准		地方标准		试点标准	
		强制性	推荐性	强制性	推荐性	强制性	推荐性		
1	运行管理标准	0	1	0	0	0	1	5	7
2	保障管理标准	0	0	0	0	0	1	11	12
3	监督与评价标准	0	1	0	0	0	0	5	6
	合计	0	2	0	0	0	2	21	25

附录 A　温岭市商事登记标准体系明细表

A.1　温岭市商事登记标准体系明细表

A.1.1　温岭市商事登记标准体系法律法规明细如表A.1所示。

表 A.1　温岭市商事登记标准体系法律法规明细表

子体系	分类编号	文件编号	标准名称	实施日期	状态
标准化法规和标准化管理规定	FL 01	中华人民共和国主席令第七届第11号	中华人民共和国标准化法	1989年4月1日	修订
	FL 02	国务院令第53号	中华人民共和国标准化法实施条例	1990年4月6日	
	FL 03	浙江省第九届人大常委会第25号	浙江省标准化管理条例	2000年10月1日	
	FL 04	浙江省政府令第54号	浙江省标准化管理实施办法	1994年12月19日	
	FL 05	浙政令〔2010〕273号	浙江省地方标准管理办法	2010年9月1日	
法律	FL 06	中华人民共和国主席令第八届第16号	中华人民共和国公司法	1994年7月1日	修正
	FL 07	中华人民共和国主席令第十届第63号	中华人民共和国行政许可法	2004年7月1日	
	FL 08	中华人民共和国第八届主席令第82号	中华人民共和国合伙企业法	1997年8月1日	修订
	FL 09	中华人民共和国第九届主席令第20号	中华人民共和国个人独资企业法	2000年1月1日	修订
	FL 10	中华人民共和国第十届主席令第57号	中华人民共和国农民专业合作社法	2007年7月1日	修订
	FL 11	中华人民共和国主席令第六届第18号	中华人民共和国药品管理法	1985年7月1日	修订
行政法规	FL 12	国务院令第1号	中华人民共和国企业法人登记管理条例	1988年7月1日	修订
	FL 13	国务院令第156号	中华人民共和国公司登记管理条例	2006年1月1日	修订
	FL 14	国务院令第236号	中华人民共和国合伙企业登记管理办法	1997年11月19日	修订

续表

子体系	分类编号	文件编号	标准名称	实施日期	状态
行政法规	FL 15	国务院令第360号	中华人民共和国药品管理法实施条例	2002年9月15日	修订
	FL 16	国务院令第492号	中华人民共和国政府信息公开条例	2008年5月1日	
	FL 17	国务院令第498号	农民专业合作社登记管理条例	2007年7月1日	修订
	FL 18	国务院令第654号	企业信息公示暂行条例	2014年10月1日	
	FL 19	国务院令第596号	个体工商户条例	2011年11月1日	修订
部门规章	FL 20	国家工商行政管理局令第1号	企业法人登记管理条例施行细则	1988年11月3日	
	FL 21	国家工商行政管理总局令第9号	企业登记程序规定	2004年7月1日	
	FL 22	国家工商行政管理总局令第7号	企业名称登记管理规定	1991年9月1日	修订
	FL 23	国家工商行政管理总局令第38号	个体工商户名称登记管理办法	2009年4月1日	
	FL 24	国家工商行政管理总局令第56号	个体工商户登记管理办法	2011年11月1日	修订
	FL 25	国家工商行政管理总局令第64号	公司注册资本登记管理规定	2014年3月1日	
	FL 26	国家工商行政管理总局令第76号	企业经营范围登记管理规定	2015年10月1日	
	FL 27	国家工商行政管理总局令第93号	企业名称登记管理实施办法	2004年7月1日	
	FL 28	国家工商行政管理总局令第94号	个人独资企业登记管理办法	2000年1月13日	修订
地方法规、政府规章	FL 29	国家食品药品监督管理局令第6号	药品经营许可证管理办法	2004年4月1日	修正
	FL 30	国家食品药品监督管理总局令第17号	食品经营许可管理办法	2015年10月1日	修正
	FL 31	国家药品监督管理局局令第20号	药品经营质量管理规范	2000年7月1日	修正
	FL 32	国家食品药品监督管理总局令第16号	食品生产许可管理办法	2015年10月1日	

续表

子体系	分类编号	文件编号	标准名称	实施日期	状态
地方法规、政府规章	FL 33	浙江省人民政府令第348号	浙江省行政程序办法	2017年1月1日	
	FL 34	浙江省人民政府令第354号	浙江省公共数据和电子政务管理办法	2017年5月1日	
	FL 35	浙江省人大常委会公告第53号	浙江省食品小作坊小餐饮店小食杂店和食品摊贩管理规定	2017年5月1日	
其他规范性文件	FL 36	审改办发〔2016〕4号	关于推进行政许可标准化的通知	2016年7月26日	
	FL 37	国发〔2016〕51号	政务信息资源共享管理暂行办法	2016年9月19日	
	FL 38	国发〔2014〕7号	国务院关于印发注册资本登记制度改革方案的通知	2014年2月7日	
	FL 39	国发〔2018〕35号	国务院关于在全国推开"证照分离"改革的通知	2018年9月27日	
	FL 40	国办发〔2017〕41号	国务院办公厅关于加快推进"多证合一"改革的指导意见	2017年5月5日	
	FL 41	国办发〔2018〕32号	国务院办公厅关于进一步压缩企业开办时间的意见	2018年5月4日	
	FL 42	工商办字〔2018〕1号	工商总局办公厅关于进一步统一规范企业登记注册管理工作的通知	2018年1月5日	
	FL 43	国办发〔2016〕53号	国务院办公厅关于加快推进"五证合一、一照一码"登记制度改革的通知	2016年6月30日	
	FL 44	工商企注字〔2015〕65号	工商总局关于严格落实先照后证改革严格执行工商登记前置审批事项的通知	2015年5月11日	
	FL 45	工商企注字〔2018〕31号	工商总局等十三部门关于推进全国统一"多证合一"改革的意见	2018年6月30日	
	FL 46	工商企注字〔2017〕43号	工商总局关于推行企业登记全程电子化工作的意见	2017年7月30日	
	FL 47	工商企注字〔2016〕253号	工商总局关于全面推进企业简易注销登记改革的指导意见	2016年12月26日	

子体系	分类编号	文件编号	标准名称	实施日期	状态
其他规范性文件	FL 48	工商企注字〔2017〕133号	工商总局关于印发《企业名称禁限用规则》《企业名称相同相近比对规则》的通知	2017年7月31日	
	FL 49	工商办字〔2018〕1号	工商总局办公厅关于进一步统一规范企业登记注册管理工作的通知	2018年1月5日	
	FL 50	国药管人〔2000〕156号	关于修订印发《执业药师注册管理暂行办法》的通知	2000年4月14日	
	FL 51	国食药监人〔2004〕342号	关于执业药师注册管理暂行办法的补充意见	2004年7月13日	
	FL 52	国食药监人〔2008〕1号	关于执业药师注册管理暂行办法的补充意见	2008年1月4日	
	FL 53	食药监食监一〔2016〕103号	食品药品监管总局关于印发食品生产许可审查通则的通知	2016年10月1日	
	FL 54	食药监食监二〔2015〕228号	食品药品监管总局关于印发食品经营许可审查通则（试行）的通知	2015年9月30日	
	FL 55	浙政办发〔2017〕42号	浙江省全面推进政务公开工作实施细则的通知	2017年5月25日	
	FL 56	浙政办发〔2017〕53号	浙江省人民政府办公厅关于加快推进"多证合一、一照一码"改革的通知	2017年6月20日	
	FL 57	浙政发〔2017〕6号	浙江省人民政府关于印发加快推进"最多跑一次"改革实施方案的通知	2017年2月20日	
	FL 58	浙政办发〔2018〕55号	浙江省人民政府办公厅关于推进涉企证照由工商（市场监管）部门通办的通知	2018年5月22日	
	FL 59	浙委发〔2018〕1号	中共浙江省委 浙江省人民政府关于深化"最多跑一次"改革推动重点领域改革的意见	2018年1月6日	
	FL 60	浙工商企〔2017〕6号	关于加快推进"最多跑一次"实行外贸企业"证照联办"的通知	2017年4月10日	

续表

子体系	分类编号	文件编号	标准名称	实施日期	状态
其他规范性文件	FL 61	浙工商企〔2017〕8号	浙江省工商局关于印发注册登记"最多跑一次"窗口标准化建设实施方案的通知	2017年4月24日	
	FL 62	浙工商企〔2017〕10号	浙江省个体工商户登记制度改革试点实施方案	2017年6月12号	
	FL 63	浙工商企〔2017〕12号	浙江省工商局等关于加快推进"最多跑一次"推行商事登记"证照联办"改革的通知	2017年6月19日	
	FL 64	浙工商企〔2017〕15号	浙江省工商局关于深入推进"最多跑一次"改革的若干意见	2017年7月27日	
	FL 65	浙工商企〔2018〕7号	浙江省工商局关于纵深推进"最多跑一次"改革的若干意见	2018年3月22日	
	FL 66	浙工商企〔2018〕19号	浙江省企业名称自主申报登记管理试行办法	2018年7月25日	
	FL 67	浙政办发〔2017〕53号	浙江省人民政府办公厅关于加快推进"多证合一、一照一码"改革的通知	2017年6月16日	
	FL 68	浙工商企管〔2016〕20号	浙江省工商行政管理总局、浙江省国家税务局、浙江省地方税务局关于全省开展个体工商户简易注销试点的通知	2016年10月3日	
	FL 69	浙食药监规〔2015〕21号	浙江省食品药品监督管理局关于印发浙江省食品经营许可实施细则（试行）的通知	2016年1月1日	
	FL 70	浙食药监规〔2017〕5号	浙江省食品药品监督管理局关于印发《浙江省食品小作坊小餐饮店小食杂店和食品摊贩登记管理办法》的通知	2017年5月1日	
	FL 71	浙食药监规〔2017〕4号	浙江省食品药品监督管理局关于印发《浙江省食品小作坊小餐饮店小食杂店和食品摊贩具体认定条件及禁止生产经营食品目录（试行）》的通知	2017年5月1日	

子体系	分类编号	文件编号	标准名称	实施日期	状态
其他规范性文件	FL 72	台政办发〔2014〕1号	台州市商事登记制度改革实施细则(试行)	2014年1月7日	
	FL 73	台政发〔2018〕24号	台州市人民政府关于进一步深化商事登记制度改革的若干意见(试行)	2018年7月27日	
	FL 74	台市委办〔2017〕40号	关于开展"受办"分离深化"最多跑一次"改革的实施意见	2017年12月26日	
	FL 75	台跑改办〔2018〕7号	台州市实施"受办"分离推进"最多跑一次"改革实施细则(试行)	2018年1月29日	
	FL 76	台跑改办〔2018〕60号	关于印发台州市商事主体转型升级登记实施细则(试行)等四个细则的通知	2018年7月31日	
	FL 77	台跑改办〔2018〕58号	关于开展涉企证照由市场监管部门通办的通知	2018年7月18日	
	FL 78	台政发〔2019〕6号	台州市人民政府办公室关于印发台州市常态化企业开办"一天办结"实施方案的通知	2019年2月28日	
	FL 79	温跑改办〔2018〕15号	温岭市开展涉企证照由市场监管部门通办工作方案	2018年9月4日	
方针目标	FZ 001	标准化领导小组办公室	温岭市商事登记省级标准化试点工作方针、目标	2018年10月29日	

A.1.2　温岭市商事登记标准体系通用基础标准分体系如表A.2所示。

表 A.2　温岭市商事登记标准体系通用基础标准分体系
（JC 101—001～JC 104—004）

子体系标准化导则（JC 101—001～JC 101—019）	分类编码	标准代号和编号/发布机构	标准名称	实施日期
JC 101 标准化导则（JC 101—001～JC 101—019）	JC 101—001	GB/T 1.1—2009	标准化工作导则 第一部分：标准的结构和编写	2010年1月1日
	JC 101—002	GB/T 20000.3—2014	标准化工作指南 第三部分：引用文件	2015年6月1日
	JC 101—003	GB/T 20000.6—2006	标准化工作指南 第六部分：标准化良好行为规范	2006年12月1日
	JC 101—004	GB/T 32170.1—2015	政务服务中心标准化工作指南 第一部分：基本要求	2016年5月1日
	JC 101—005	GB/T 32170.2—2015	政务服务中心标准化工作指南 第二部分：标准体系	2016年5月1日
	JC 101—006	GB/T 20001.1—2001	标准编写规则 第一部分：术语	2002年3月1日
	JC 101—007	GB/T 20001.2—2015	标准编写规则 第二部分：符号标准	2016年1月1日
	JC 101—008	GB/T 20001.3—2015	标准编写规则 第三部分：分类标准	2016年1月1日
	JC 101—009	GB/T 28222—2011	服务标准编写通则	2012年4月1日
	JC 101—010	GB/T 13016—2018	标准体系构建原则和要求	2018年9月1日
	JC 101—011	GB/T 13017—2018	企业标准体系表编制指南	2018年9月1日
	JC 101—012	GB/T 15624—2011	服务标准化工作指南	2012年4月1日
	JC 101—013	GB/T 24421.1—2009	服务业组织标准化工作指南 第一部分：基本要求	2009年11月1日
	JC 101—014	GB/T 24421.2—2009	服务业组织标准化工作指南 第二部分：标准体系	2009年11月1日
	JC 101—015	GB/T 24421.3—2009	服务业组织标准化工作指南 第三部分：标准编写	2009年11月1日

子体系标准化导则（JC 101—001～JC 101—019）	分类编码	标准代号和编号/发布机构	标准名称	实施日期
JC 101 标准化导则（JC 101—001～JC 101—019）	JC 101—016	GB/T 24421.4—2009	服务业组织标准化工作指南 第四部分：标准编实施及评价	2009年11月1日
	JC 101—017	DB33/T 2036.1—2017	政务办事"最多跑一次"工作规范 第一部分：总则	2017年5月21日
	JC 101—018	WLSSDJ 01—2019	标准化管理办法	2019年4月8日
	JC 101—019	WLSSDJ 02—2019	温岭市商事登记服务标准体系	2019年4月8日
JC 102 术语与缩略语标准（JC 102—001～JC 102—004）	JC 102—001	GB/T 19000—2016	质量管理体系 基础和术语	2017年7月1日
	JC 102—002	GB/T 20000.1—2014	标准化工作指南 第一部分：标准化和相关活动的通用术语	2015年6月1日
	JC 102—003	GB/T 25647—2010	电子政务术语	2011年4月1日
	JC 102—004	GB/T 24050—2004	环境管理术语	2004年10月1日
JC 103 符号与标志标准（JC 103—001～JC 103—006）	JC 103—001	GB 2894—2008	安全标志及其使用导则	2009年10月1日
	JC 103—002	GB 13495.1—2015	消防安全标志 第一部分：标志	2015年8月1日
	JC 103—003	GB/T 10001.1—2012	公共信息图形符号 第一部分：通用符号	2013年6月1日
	JC 103—004	GB/T 10001.9—2008	标志用公共信息图形符号 第九部分：无障碍设施符号	2009年1月1日
	JC 103—005	GB/T 15566.1—2007	公共信息导向系统 设置原则与要求 第一部分：总则	2008年4月1日
	JC 103—006	GB/T 16273.8—2010	设备用图形符号 第八部分：办公设备通用符号	2011年8月1日

子体系标准化导则（JC 101—001～JC 101—019）	分类编码	标准代号和编号/发布机构	标准名称	实施日期
JC 104 信息编码规则 （JC 104—001～ JC 104—004)	JC 104—001	GB/T 32619—2016	政务服务中心信息公开编码规范	2016年11月1日
	JC 104—002	GB/T 1526—1989	信息处理 数据流程图、程序流程图、系统流程图、程序网络图和系统资源图的文件编制符号及约定	1990年1月1日
	JC 104—003	GB/T 9704—2012	党政机关公文格式	2012年7月1日
	JC 104—004	WLSSDJ 03—2019	文件编码规则	2019年4月8日

A.1.3　温岭市商事登记标准体系服务标准分体系如表A.3所示。

表 A.3　温岭市商事登记标准体系服务标准分体系
（FW 201—001～FW 203—004）

子体系标准化导则（JC 101—001～JC 101—019）	分类编码	标准代号和编号/发布机构	标准名称	实施日期
FW 201 基本服务规范 （FW 201—001～ FW 201—007）	FW 201—001	DB33/T 2036.2—2017	政务办事"最多跑一次"工作规范 第二部分：一窗受理、集成服务	2017年6月28日
	FW 201—002	WLSSDJ ZY 01—2019	办事指南	2019年4月8日
	FW 201—003	WLSSDJ ZY 02—2019	温岭市市场监督管理局行政审批首问责任制度	2019年4月8日
	FW 201—004	WLSSDJ ZY 03—2019	温岭市市场监督管理局行政审批一次性告知制度	2019年4月8日
	FW 201—005	WLSSDJ ZY 04—2019	温岭市市场监督管理局行政审批容缺受理制度	2019年4月8日
FW 201 基本服务规范 （FW 201—001～ FW 201—007)	FW 201—006	WLSSDJ ZY 05—2019	温岭市市场监督管理局科长值班制度	2019年4月8日
	FW 201—007	WLSSDJ ZY 06—2019	温岭市市场监督管理局行政审批审核合一制度	2019年4月8日

子体系标准化导则 (JC 101—001～JC 101—019)	分类编码	标准代号和编号/发布机构	标准名称	实施日期
FW 202 业务办理服务规范（FW 202—001～FW 202—007）	FW 202—001	WLSSDJ 04—2019	涉企证照事项办理服务规范	2019年4月8日
	FW 202—002	WLSSDJ 05—2019	商事主体延续转型服务规范	2019年4月8日
	FW 202—003	WLSSDJ 06—2019	常态化企业开办服务规范	2019年4月8日
	FW 202—004	WLSSDJ 07—2019	企业简易注销登记服务规范	2019年4月8日
	FW 202—005	WLSSDJ 08—2019	企业异地迁移登记"一地办理"服务规范	2019年4月8日
	FW 202—006	WLSSDJ 09—2019	"区域通办"登记服务规范	2019年4月8日
	FW 202—007	WLSSDJ 10—2019	个体工商户简易注册登记服务规范	2019年4月8日
FW 203 便民服务规范（FW 203—001～FW 203—004）	FW 203—001	WLSSDJ 11—2019	商事登记免费代办服务规范	2019年4月8日
	FW 203—002	WLSSDJ 12—2019	注册登记银行网点代办服务规范	2019年4月8日
	FW 203—003	WLSSDJ 13—2019	导询服务规范	2019年4月8日
	FW 203—004	WLSSDJ 14—2019	网上服务规范	2019年4月8日

A.1.4 温岭市商事登记标准体系管理标准分体系如表A.4所示。

表 A.4 温岭市商事登记标准体系管理标准分体系

（GL 303—001～GL 303—006）

子体系标准化导则（JC 101—001～JC 101—019）	分类编码	标准代号和编号/发布机构	标准名称	实施日期
GL 301 运行管理标准（GL 301—001～GL 301—007）	GL 301—001	GB/T 36112—2018	政务服务中心服务现场管理规范	2018年7月1日
	GL 301—002	DB33/T 2036.4—2017	政务办事"最多跑一次"工作规范 第四部分：服务大厅现场管理	2018年1月31日
	GL 301—003	WLSSDJ 15—2019	服务礼仪要求	2019年4月8日
	GL 301—004	WLSSDJ 16—2019	商事登记工作岗位标准	2019年4月8日
	GL 301—005	WLSSDJ 17—2019	物品摆放管理规范	2019年4月8日
	GL 301—006	WLSSDJ 18—2019	大厅设施设备管理规范	2019年4月8日
	GL 301—007	WLSSDJ 19—2019	空间管理规范	2019年4月8日
GL 302 保障管理标准（GL 302—001～GL 302—011）	GL 302—001	WLSSDJ 20—2019	学习培训管理标准	2019年4月8日
	GL 302—002	WLSSDJ ZY 07—2019	温岭市人民政府办证中心考勤制度暂行规定（试行）	2019年4月8日
	GL 302—003	WLSSDJ ZY 08—2019	温岭市市场监督管理局考勤和休假管理办法	2019年4月8日
	GL 302—004	DB33/T 2036.3—2017	政务办事"最多跑一次"工作规范 第三部分：政务服务网电子文件归档数据规范	2018年1月31日
	GL 302—005	WLSSDJ ZY 09—2019	市政府办证中心（招标委）文件材料归档范围和文书档案保管期限规定	2019年4月8日
	GL 302—006	WLSSDJ ZY 10—2019	温岭市行政服务中心（公管委）节能管理制度	2019年4月8日
	GL 302—007	WLSSDJ 21—2019	环境卫生管理要求	2019年4月8日

子体系 标准化导则 （JC 101—001～ JC 101—019）	分类编码	标准代号和 编号/发布机构	标准名称	实施 日期
GL 302 保障管理标准 （GL 302—001～ GL 302—011）	GL 302—008	WLSSDJ ZY 11—2019	安全管理制度	2019年 4月8日
	GL 302—009	WLSSDJ ZY 12—2019	市政府行政服务中心 （公管委）突发公共事 件应急预案	2019年 4月8日
GL 302 保障管理标准 （GL 302—001～ GL 302—011）	GL 302—010	WLSSDJ ZY 13—2019	温岭市行政服务中心 支出管理制度	2019年 4月8日
	GL 302—011	WLSSDJ ZY 14—2019	温岭市行政服务中心 采购管理制度	2019年 4月8日
	GL 302—012	WLSSDJ ZY 15—2019	温岭市市场监督管理 局财务管理制度	2019年 4月8日
GL 303 监督与评价标准 （GL 303—001～ GL 303—006)	GL 303—001	GB/T 36113—2018	政务服务中心服务投 诉处置规范	2018年 7月1日
	GL 303—002	WLSSDJ 22—2019	标准化监督检查制度	2019年 4月8日
	GL 303—003	WLSSDJ ZY 16—2019	温岭市人民政府行政 服务中心窗口单位考 核办法	2019年 4月8日
	GL 303—004	WLSSDJ ZY 17—2019	温岭市人民政府办证中 心投诉督查管理办法	2019年 4月8日
	GL 303—005	WLSSDJ 23—2019	满意度测评规范	2019年 4月8日
	GL 303—006	WLSSDJ 24—2019	持续改进程序规范	2019年 4月8日

温岭市商事登记标准

WLSSDJ 06—2019

常态化企业开办服务规范

2019-03-28 发布

2019-04-08 实施

温岭市商事登记省级标准化试点领导小组办公室　发布

常态化企业开办服务规范

1 范围

本标准规定了温岭市常态化企业开办的基本要求、机构职责、服务内容及程序、服务质量要求、服务管理要求等内容。

本标准适用于温岭市常态化企业开办服务与管理。

2 规范性引用文件

下列文件对于本文件的应用是必不可少的。凡是注日期的引用文件，仅所注日期的版本适用于本文件。凡是不注日期的引用文件，其最新版本（包括所有的修改单）适用于本文件。

DB33/T 2036.3 政务办事"最多跑一次"工作规范 第三部分：政务服务网电子文件归档数据规范。

WLSSDJ 15—2019 服务礼仪要求。

WLSSDJ ZY 04—2019 温岭市市场监督管理局行政审批容缺受理制度。

3 术语和定义

常态化企业开办

从企业申领营业执照、刻制印章、银行开户到领取税务发票的一系列过程。

注：需前置许可审批的企业和法人代表不能到场办理的不属于常态化企业开办（法定代表人非首次担任法定代表人的，且在税务、银行系统信用良好的，可办理委托手续，不用亲自到场）。

4　基本要求

4.1　行政服务中心应当为开户许可、发票申领、印章刻制等进驻创造条件，推行网上办事和咨询、代办等服务。

4.2　应推行"一窗受理，集成服务"，打造企业开办并联式审批流程，建立商事登记窗口统一收件，各部门并联办理模式。

4.3　应推进信息共享和应用，压缩办理材料，简化办理流程。

4.4　应推广浙江省工商全程电子化登记平台应用和"企业开办全程网上办"平台。

5　机构职责

5.1　市场监督部门

5.1.1　按职责办理企业设立登记审批和营业执照的核发，编制事项办事指南。

5.1.2　负责企业开办工作中与相关部门（单位）的沟通、协调。

5.1.3　负责组织本部门工作人员的业务培训、日常管理与考核。

5.2　公安部门

负责企业公章刻制信息的备案审查与管理。

5.2.1　印章刻制企业联盟。

上传刻章企业信息，并按企业要求完成印章刻制。

5.2.2　商业银行服务联合体。

负责企业开户信息采集、尽职调查（包括企业法定代表人或单位负责人面签录音录像），以及开户银行与企业之间的信息传送与反馈。

5.3　税务部门

5.3.1　按职责办理企业税种认证、票种核定、税控盘写入、发票申领等业务。

5.3.2 负责组织本部门工作人员的业务培训、日常管理与考核。

5.4 行政服务中心（便民服务中心）

5.4.1 负责安排工作人员进行窗口收件、材料初审和信息录入。

5.4.2 推进数据共享平台建设和数据资源维护管理。

5.4.3 负责组织入驻中心人员的政务服务规范化培训、日常管理与服务质量考核。

5.4.4 统筹协调相关业务部门，协调解决工作开展过程中的各类问题。

6 服务内容及程序

6.1 申报与咨询

窗口咨询人员应当为企业开办申请人提供执照办理、公章刻制、银行开户及税务发票申领全套咨询服务，告知办事流程、网上申报及现场办理途径与方法。有条件的窗口应为申请人提供免费代办服务，指导企业名称自主申报并通过全程电子化登记平台或"企业开办全程网上办"平台填报企业开办信息。

6.2 受理

6.2.1 现场受理。

6.2.1.1 商事登记窗口人员应对申请人提交的申请材料进行初审：

a) 申请材料齐全的，进入审批流程；

b) 材料不齐全或不符合法定形式的，当场一次性告知申请人需要补齐的全部材料。

6.2.2 网上受理。

申请人通过浙江政务服务网"企业开办全程网上办"平台完成信息填写和采集，提交申请后，市场监督管理部门工作人员应及时进行网上受理。

6.3 营业执照办理

6.3.1 审核人员通过浙江省工商全程电子化平台进行审查并核准申

请人提交的企业登记材料。

6.3.2 通过现场受理的，受理人员应及时将企业营业执照信息、《温岭市常态化企业开办信息表》《指定代表或共同委托代理人授权委托书》、法定代表人身份信息等材料通过数据共享平台分别推送至公章刻制窗口、税务窗口、银行联盟窗口。

6.4 印章刻制

6.4.1 通过现场受理的，刻章窗口通过数据共享平台调取《温岭市常态化企业开办信息表》、委托代理人证明、法定代表人身份、营业执照等信息，报送至公安部门备案并完成公章刻制。

6.4.2 通过网上受理的，申请人选择的刻章企业应通过"企业开办全程网上办"平台接收企业相关信息，与申请人电话联系确认刻章类型、价格及交付方式，完成公章刻制。

6.5 银行开户

6.5.1 通过现场受理的，银行服务联合体窗口通过数据共享平台调取营业执照等信息，完成信息采集和尽职调查，并将相关信息和面签视频推送至开户银行，开户银行审核办理开户手续后，将银行账号推送至行政服务中心银行服务联合体窗口，窗口人员将银行账号告知企业。

6.5.2 通过网上受理的，申请人到预约开户的银行提交开户申请书等相关材料，开户银行完成开户申请，并将银行账号告知企业。

6.6 领取税务发票

6.6.1 通过现场受理的，税务窗口通过数据共享平台调取《温岭市常态化企业开办信息表》，通过浙江省公共数据管理平台调取营业执照信息，及时完成税种认证、票种核定、税控盘写入和发票申领等手续。

6.6.2 通过网上受理的，税务部门在接收到企业开办平台的企业相关信息后，及时完成税务登记、税种认证、票种核定、发票邮寄等手续，并通知申请人选择的税控盘厂商，将税务登记结果反馈回企业开办平台。

税控盘厂商联系申请人确定税控设备的领取和安装事宜。

6.7 一窗出件

6.7.1 通过现场受理的,出件窗口应及时汇总处理办理结果,一次性向申请人发放营业执照、企业印章、税务发票;对申请人要求寄递送达的,应提供免费寄递服务,一次性向申请人寄送所有资料。

6.7.2 通过网上受理的,应依据申请人选择寄递或现场发放(自行领取)营业执照、企业印章、税务发票。

注:首次申领发票应通过邮寄方式。

7 服务质量要求

7.1 时限要求

7.1.1 市场监管部门应在120分钟内予以核准并发放营业执照。

7.1.2 公章刻制窗口(公章刻制企业)应在90分钟内完成公章刻制。

7.1.3 税务部门应在90分钟内完成税种认证、票种核定、税控盘写入和发票申领。

7.1.4 通过现场受理的,银行服务联合体窗口应在120分钟内协调开户银行完成基本存款账户开立;通过网上受理的,开户银行应在120分钟内完成基本存款账户开立并将开会结果反馈回企业开办平台。

7.2 材料要求

通过现场受理的,商事登记窗口应一次性收齐企业开办材料,公章刻制、银行开户、领取税务发票办理所需材料应通过共享获得,不应要求企业重复提交。

8 服务管理要求

8.1 数据管理

8.1.1 常态化企业开办业务应通过中心数据共享平台、"企业开办全程网上办"平台、浙江省公共数据管理平台实现业务部门间数据归集和共享。

8.1.2 业务材料推送和数据流转时,工作人员应按规定的流程操作,确保材料和数据的准确安全。

8.1.3 工作人员对申请材料和信息应予以保密。

8.1.4 应形成有效电子证照或结果文件,并按DB33/T 2036.3的规定归集入档入库。

8.2 入驻管理

8.2.1 行政服务中心应按照服务水平、服务质量等情况选择公章刻制企业入驻。

8.2.2 入驻银行服务联合体和公章刻制企业联盟应服从行政服务中心内部管理,遵守各项管理制度。

8.3 人员管理

8.3.1 工作人员应参加业务或管理部门开展的培训,掌握业务技能。

8.3.2 工作人员应按审核合一、容缺受理等制度和事项办事指南要求办理营业执照核发等企业开办业务。

8.3.3 人员服务礼仪应按照WLSSDJ 15—2019执行。

8.3.4 其他要求应按照WLSSDJ 16—2019执行。

9 持续改进

9.1 应建立服务质量监督机制,设立监督电话投诉、网上投诉、电子评议、意见箱(簿)等多种方式,畅通监督渠道。

9.2 应持续完善服务满意度评价指标,定期开展服务满意度评价工作,提升群众服务满意度。

9.3 应建立改进跟踪复查机制,对各类检查、整改情况进行跟踪验证。

第三章

《企业开办全程网上办规范》
编写工作

2021年5月，浙江省市场监督管理局成立工作专班编制"企业开办全程网上办浙江标准"，将温岭市市场监督管理局确定为主要起草单位。温岭市市场监督管理局组建由分管局长及两名审批业务骨干组成的企业开办全程网上办攻坚队，入驻浙江省市场监督管理局专班实体化运行。温岭市市场监督管理局总结温岭市编制《常态化企业开办服务规范》(WLSSDJ 06—2019)的工作经验，提炼温岭市企业登记注册特色亮点，完成相关标准的编写工作，对企业开办全程网上办的总则、基本要求、平台建设、开办要求、便利化服务、监督评价等内容进行了全面的规范，为浙江省商事登记工作提供了可复制、可借鉴、可推广的"温岭经验"。同年9月28日，《企业开办全程网上办规范》(DB33/T 2378—2021)标准正式发布，系全国首个省级地方标准。温岭市市场监督管理局相关编写工作经验先后被《市场导报》、温岭电视台、《温岭日报》等媒体广泛报道，《中国改革报》区域观察栏目为"温岭经验"点赞。

浙江省率先发布
《企业开办全程网上办规范》*

一网通办、一次认证、一表填报、一次领取、一日办结,办一家企业走完流程最多只需8小时。日前,浙江省市场监督管理局率先发布全国首个《企业开办全程网上办规范》(DB33/T 2378—2021)省级地方标准(以下简称"标准")。值得一提的是,温岭市市场监督管理局为该标准出台提供了不少"金点子"。

2021年10月9日,标准正式发布,并将于10月28日起在浙江省范围实施。该标准由浙江省在全国领先"一网通办、一次认证、一表填报、一次领取、一日办结"企业开办网上办模式和先进经验提炼而来,还充分考虑企业办理前、中、后等不同阶段需求,为企业提供各类指引和其他延伸服务,适用于公司、非公司企业法人、合伙企业、个人独资企业开办的全程网上办理。

该标准总结了浙江省在企业开办网上办方面提供便利化服务的做法和不同地方的特色亮点,据悉,温岭市市场监督管理局作为主要起草单位之一,全程参与其中并贡献了不少"金点子"。

"企业开办手续如何全程网上办,我们早在几年前就开始尝试推广。2018年8月,温岭获批商事登记省级标准化试点,这也是浙江省市场监督

---

* 本文原载于2021年10月26日《市场导报》第06版。

管理系统的唯一试点。"温岭市市场监督管理局党委副书记、副局长阮兢青说。此举为浙江省商事登记工作提供了可复制、可借鉴、可推广的"温岭经验"。

2019年,温岭商事登记省级标准化试点以高分通过验收。"我们聚焦流程再造,推行'集成式'服务,创新制订相关服务规范,推进企业开办'一天办结'全域化,全面运用'企业开办全程网上办平台',为新设立企业提供'全链条'服务。"温岭市局行政审批科科长李茜佳说。

在商事登记"减权力""提效力"推动下,温岭全程网上办不断加速。2019年,温岭市企业开办13000多家,其中63%通过全程网上办实现;2020年,7200家开办的企业里,全程网上办的比例达到44.3%;2021年截至目前,新开办企业5900多家,85%以上实现全程一网办结。

企业开办省级地方标准实施
《中国改革报》点赞"温岭经验"*

日前,《中国改革报》区域观察栏目点赞了"温岭经验",在《企业开办全程网上办规范》(DB33/T 2378—2021)省级地方标准制订的过程中,温岭走在全省前列的商事登记改革工作为其提供了不少可借鉴、可复制的"金点子"。

2021年10月28日,《企业开办全程网上办规范》(DB33/T 2378—2021)省级地方标准(以下简称"标准")在浙江省范围内正式实施,这把为企业开办量身打造的"标尺",让企业开办网上办理更高效便捷。

据悉,该标准由浙江在全国领先的"一网通办、一次认证、一表填报、一次领取、一日办结"企业开办网上办模式和先进经验提炼而来,适用于公司、非公司企业法人、合伙企业、个人独资企业开办的全程网上办理,明确了企业开办全程网上办的总则、基本要求、平台建设、开办要求、便利化服务、监督评价等内容,既有超前性与创新性,又注重应用性,保留了优化提升的空间。

值得一提的是,该标准的形成总结了浙江在企业开办网上办中提供的便利化服务做法和不同地市特色亮点做法,温岭市市场监督管理局作为主要起草单位之一,全程参与其中。

---

* 本文原载于2021年11月9日《温岭日报》第01版。

"企业开办全程网上办，我们早在几年前就已经开始尝试推广。"温岭市市场监督管理局相关负责人说。近年来，温岭市聚焦流程再造，推行"集成式"服务，创新制订了《常态化企业开办服务规范》，形成了企业开办"210"标准，推进企业开办"一天办结"全域化，全面运用企业开办全程网上办平台，实现市镇两级全覆盖，推动企业设立登记、公章刻制、发票申领等环节"一次提交、一网办结"，让市场主体准入速度不断刷新。

在商事登记"减权力""提效力"的推动下，温岭市全程网上办不断加速。2019年，13000多家开办的企业里，全程网上办的比例为63%；到2020年，温岭市企业开办7200多家，其中44.3%通过全程网上办实现；2021年截至目前，新开办企业5900多家，85%以上实现全程一网办结。

《中国改革报》认为，温岭市以标准化引领商事登记制度创新、管理创新、方式创新，深入推进"最多跑一次"改革，全面提升商事登记便利化、规范化水平，实现"市场有效、政府有为、企业有利"的有机统一，并为浙江省商事登记工作提供可复制、可借鉴、可推广的"温岭经验"。

浙江省地方标准

DB33/T 2378—2021

企业开办全程网上办规范

2019-09-28 发布

2021-10-28 实施

浙江省市场监督管理局　发布

企业开办全程网上办规范

1 范围

本标准规定了企业开办全程网上办的总则、基本要求、平台建设、开办要求、便利化服务、监督评价等内容。

本标准适用于公司、非公司企业法人、合伙企业、个人独资企业开办的全程网上办理,分支机构、外商投资企业、个体工商户和农民专业合作社的开办可参照本文件执行。

本标准不适用于涉及前置审批或企业名称登记与企业设立登记不在同一机关的企业开办情形。

2 规范性引用文件

下列文件中的内容通过文中的规范性引用而构成本标准必不可少的条款。其中,注日期的引用文件,仅该日期对应的版本适用于本标准;不注日期的引用文件,其最新版本(包括所有的修改单)适用于本标准。

DB33/T 2036.7 政务办事"最多跑一次"工作规范 第七部分:监督评价与改进。

3 术语和定义

下列术语和定义适用于本标准。

3.1 企业开办

企业从设立登记到具备一般性经营条件的过程。

3.2 企业开办全程网上办

依托企业开办全程网上办平台（以下简称"企业开办平台"），申请人在线上提交经有效实名认证和电子签名后的全部申请材料，无需到窗口、无需提交纸质材料即可完成企业设立登记、公章刻制、发票申领、社会保险登记、医疗保险登记、住房公积金缴存登记、银行预约开户等企业开办事项。

3.3 申请人

依法向县级以上企业登记主管机关和行政机关提出企业开办申请的公民、法人或者其他组织。申请人可委托代理人办理企业开办申请相关手续。

3.4 分段办理

完成企业设立登记后，申请人根据实际需求，分时多次进入企业开办平台完成企业开办事项首次办理。

3.5 电子营业执照

由市场监督管理部门依据国家有关法律法规、按照统一标准规范核发的载有市场主体登记信息的法律电子证件。

3.6 电子签名

有权签字人对企业开办过程中提交的文书材料依托信息技术手段在线上认可其中内容的数据。

3.7 电子印章

以密码技术为核心，将数字证书、签名密钥与公章图像有效绑定，用于实现各类电子文档完整性、真实性和不可抵赖性的图形化电子签名。

3.8 电子发票

企业在销售货物、提供服务等经营活动中，使用税务机关确定的标准开票软件开具和存储的数据电文形式的收款凭证。

3.9 实名认证

依托浙江省一体化在线政务服务平台（"浙里办"）统一身份认证体系，对企业开办过程中相关自然人、法人及其他组织真实性进行的验证。

注：企业法人的身份验证可使用电子营业执照。

4 总则

树立"整体智治、高效协同"理念，以打造营商环境最优省为目标，提升企业开办数字化、智能化、一体化集成服务水平，实行"一网通办、一次认证、一表填报、一次领取、一日办结"，持续推进企业减负降本，最大力度优化企业开办流程，实现企业开办全链条、全流程、一张网、零见面。

5 基本要求

5.1 一网通办

5.1.1 应将企业设立登记、公章刻制、发票申领、社会保险登记、医疗保险登记、住房公积金缴存登记、银行预约开户等纳入企业开办平台，实现企业开办全程网上办理，办理流程按附录 A。

5.1.2 企业开办平台应提供企业开办全流程办理或分段办理两种模式，企业在设立登记后仍可随时通过企业开办平台办理公章刻制、发票申领、社会保险登记、医疗保险登记、住房公积金缴存登记、银行预约开户等企业开办事项。

5.2 一次认证

应依托浙江省一体化在线政务服务平台（"浙里办"）统一身份认证体系，推进身份影像信息共享互认，实行企业开办"一次认证、全网通行"，申请人在企业设立登记时进行一次身份认证后，在其他办理环节不再重复进行身份验证。

5.3 一表填报

应将企业开办事项所需材料归并整合为一套,实行"一套材料、一次采集、多方复用"机制,在填报企业设立信息的同时,即可填报公章刻制、发票申领、社会保险登记、医疗保险登记、住房公积金缴存登记、银行预约开户等信息。

5.4 一次领取

5.4.1 应为申请人提供企业开办实体材料(纸质营业执照、公章、纸质发票等)寄递服务,宜汇总全套实体材料并免费寄递。

5.4.2 若申请人选择现场领取,应为申请人提供全套实体材料一次性领取服务。

5.5 一日办结

对选择企业开办全流程办理模式的,各部门(机构)应在规定时限内受理申请事项并进行审核,并及时将相关受理、核准等业务办理状态信息反馈至企业开办平台。一日办结时限要求按附录 B。

6 平台建设

6.1 基本要求

6.1.1 企业开办平台基于浙江省全程电子化登记平台,接入税务、社会保险、医疗保险、印章管理、公积金、银行等系统,依托浙江省一体化在线政务服务平台("浙里办")实现统一身份认证、统一办件赋码、数据实时共享、办件结果实时查询和评价。企业开办平台结构如图 1 所示。

6.1.2 应推进企业开办平台建设、应用与安全保障,建立健全涉企数据交互机制,通过 API 接口方式实现数据信息共享。

6.1.3 应规范采集字段标准和数据格式,确保数据在系统间完整、准确、实时推送。

6.1.4 应规范使用企业开办信息和个人信息,使用信息前应征得申请人同意并明示收集、使用信息的目的、方式和范围。

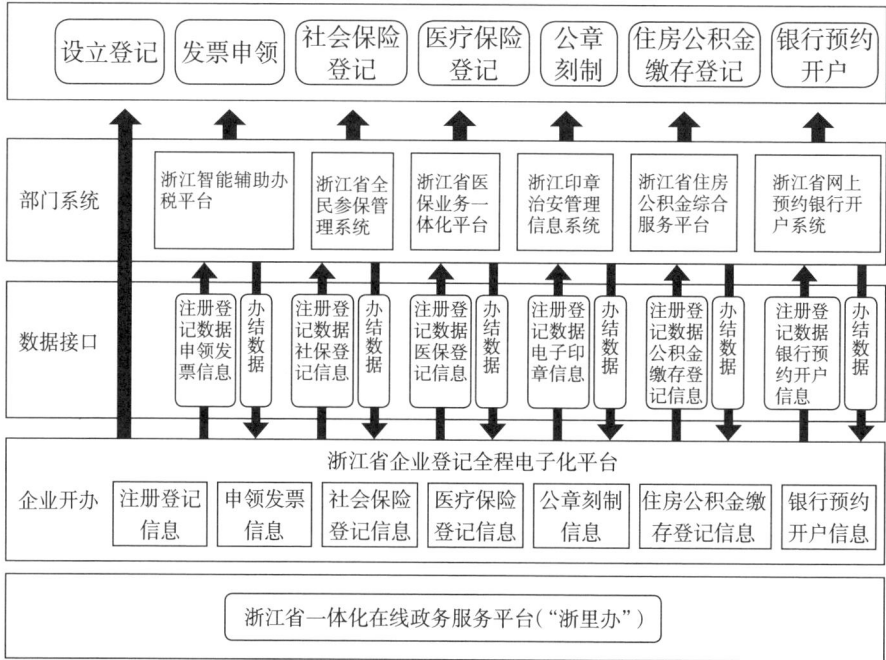

图1　企业开办平台结构

6.2　电子化应用

6.2.1　电子营业执照。

6.2.1.1　应推进企业开办平台和国家电子营业执照管理系统对接,实现电子营业执照在线生成和下载。

6.2.1.2　电子营业执照应具备身份验证、电子签名功能。

6.2.2　电子印章。

应推进企业开办平台和统一电子印章平台、印章治安管理信息系统对接,实现电子印章(企业法定名称章、财务专用章、发票专用章、法定代表人章)在线生成、下载和印章信息回推。

6.2.3　电子发票。

企业开办平台应提供电子发票免费申领服务,推进发票电子化应用。

7 开办要求

7.1 企业设立登记

7.1.1 名称自主申报。

应全面实行企业名称自主申报登记,申请人按照名称自主申报规则,通过企业开办平台对拟定名称进行自主查询、比对、判断、申报,并承担相应法律责任。

7.1.2 经营范围自主选定。

应全面实行经营范围规范化登记,使用市场监管部门统一的经营范围登记规范表述目录,申请人在目录中自主查询并自由选择规范条目申请登记。

7.1.3 住所自主选址。

应优化住所登记,有条件的地方可实行住所申报承诺制,公安、民政、自然资源、住房和城乡建设等部门根据掌握的地址信息、数字地图技术等,为住所登记提供智能提示和校验。

7.1.4 章程(协议)自动生成。

应提供统一规范的章程和合伙协议标准格式范本,根据申请人填报的企业登记信息自动生成章程或合伙协议;可向申请人开放章程和合伙协议编制权限,允许申请人根据实际需求自主编制并生成标准格式文本。

7.2 公章刻制

7.2.1 应公布公章刻制单位目录,宜通过政府购买服务方式为新开办企业提供免费刻章服务,未提供免费刻章服务的地区应由申请人自行选择公章刻制单位。

7.2.2 公章刻制单位根据企业开办平台的刻章信息,完成企业所需的法定名称章、财务专用章、发票专用章等印章刻制,并及时将所刻印章信息通过印章治安信息管理系统向公安机关备案。

7.3 发票申领

税务部门应通过企业开办平台获取企业登记信息、申领发票类型,完成信息确认和发票发放。

7.4 社会保险登记

人力资源和社会保障部门应通过企业开办平台获取企业登记信息、职工参保信息,完成单位参保登记和员工参保登记。

7.5 医疗保险登记

医疗保障部门应通过企业开办平台获取企业登记信息、职工参保信息,完成单位参保登记和员工参保登记。

7.6 住房公积金缴存登记

住房公积金部门应通过企业开办平台获取企业缴存登记信息(单位缴存比例、个人缴存比例、单位发薪日)、职工缴存登记信息(缴存工资基数),完成住房公积金单位缴存登记和职工缴存登记。

7.7 银行预约开户

7.7.1 商业银行通过企业开办平台获取企业登记、法定代表人身份证件等信息,生成企业账户预约账号,并通过企业开办平台将预约账号信息推送给税务、人力资源和社会保障、住房公积金等部门。

7.7.2 为企业开立账户后,商业银行应通过企业开办平台将相关信息推送至相关部门。

8 便利化服务

8.1 导办帮办

8.1.1 应在办事大厅配备一定数量的咨询引导服务人员,为申请人解答企业开办全程网上办理的疑问。

8.1.2 应开设电话咨询或网络咨询途径,为申请人提供营业执照办理、公章刻制、银行开户及税务发票申领等全套咨询服务,告知办事流程、网上申报的途径与方法。

8.1.3 可在办事大厅设置企业开办导办区、自助服务区,配备导办帮办服务专员,为申请人提供无偿导办帮办服务,指导并协助申请人通过企业开办平台完成全流程企业开办。

8.2 办事指引

8.2.1 企业开办平台应提供以下办事指南:

——企业开办材料清单;

——企业开办流程图;

——电子营业执照、电子印章下载和操作说明;

——电子签名操作说明。

8.2.2 企业开办平台应提供人才、创新、创业、税收、财政等企业政策查询。

8.2.3 可通过视频、流程图等形式提供可视化的企业开办指引。

8.3 智能服务

8.3.1 企业开办平台应提供填报信息提示引导、自动比对和智能纠错功能。

8.3.2 有条件的地区可开发智能语音咨询系统、智能网络问答系统等,建立标准化咨询数据库。

8.4 延伸服务

8.4.1 办事大厅应配备自助服务终端,提供自助打印营业执照等服务。

8.4.2 可通过手机短信等方式提供信息推送服务,及时将办理进度通知申请人。

8.4.3 对于确因实名认证、电子签名等技术原因或申请人自身原因无法采取全程网上办模式进行企业开办的,应为申请人提供线下救济服务。

8.4.4 宜通过浙江省一体化在线政务服务平台("浙里办")提供企业电子档案查询服务,企业可在线查询、下载企业登记档案信息。

8.4.5 宜创新手段,建立网上企业服务平台,为企业提供各类办事指南。

9 监督评价

9.1 应开展督查考评,结合世界银行营商环境评价指标,运用"好差评"、现场巡查、电子监察等方式对企业开办全程网上办工作开展督查。

9.2 应持续完善服务满意度评价指标,定期开展企业开办满意度评价工作,评价与改进可参照 DB33/T 2036.7 执行。

附录 A (规范性附录)

企业开办全程网上办流程

企业开办全程网上办流程如图A.1 所示。

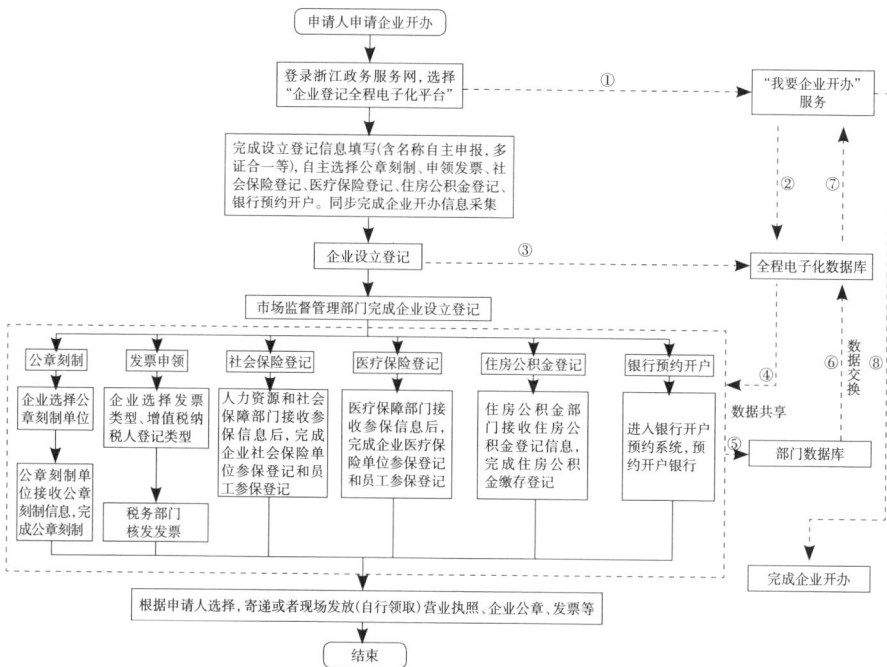

图A.1 企业开办网上办流程

附录 B （规范性附录）

企业开办全程网上办时限

企业开办全程网上办时限要求如表B.1所示。

表 B.1 企业开办网上办理时限

业务事项	时隔要求（小时）	办理计时起点	办理计时终点	备注
设立登记	4	从电子签名和实名核验完成后开始计算	设立登记校对通过，电子营业执照即时发放	申请人需要纸质营业执照的，到窗口领取或选择邮寄送达。企业应使用电子印章（法定名称章）进行电子签名，未领取电子印章的，由其有权签字人进行电子签名
公章刻制		公章刻制单位在企业开办平台接收到刻章业务办理信息时间	公章刻制单位完成刻章后，在企业开办平台反馈完成刻章信息的时间	随营业执照同步发放电子印章的，不影响申请人申请刻制实物印章
发票申领		注册登记信息、税务附属信息推送至税务部门的时间	税务部门登记信息确认完成或发票发放手续完成时间	
社会保险登记	4（共用）	注册登记信息、社会保险附属信息推送至人力资源和社会保障部门的时间	人力资源和社会保障部门参保登记办结时间	
医疗保险登记		注册登记信息、医疗保险附属信息推送至医疗保障部门的时间	医疗保障部门参保登记办结时间	
住房公积金缴存登记		注册登记信息、住房公积金缴存附属信息推送至住房公积金部门的时间	住房公积金部门登记办结时间	
银行预约开户		注册登记信息推送至人民银行的时间	人民银行预约开户办结时间	
注1：工作日9:00 —17:00 纳入计时范围，其他非工作时间或节假日不纳入计时范围。部门开办业务，超过8个工作日时未反馈结果，不再实时更新办理用时，直至结果反馈。 注2：分段办理时限与全程网上办时限要求一致。				

第四章

商事主体延续转型改革工作

随着经济社会的不断发展,部分企业不断做大做强,作为创业初期形式的个体工商户、个人独资企业、合伙企业等主体类型受法人地位缺失、治理模式单一、投资规模有限等因素影响,相较于公司制企业具有明显的劣势,如融资难、无限责任、管理混乱、知名度有限等,显然已经满足不了商事主体发展的需求,甚至还会阻碍其进一步发展。而法人的商事主体转型登记历来采取"一注(注销)一开(开办)"的方式,易造成企业历史断裂的问题,商事主体类型不能互通已成为企业转型升级的痛点、难点。

2018年,为破解商事主体承继问题,温岭市市场监督管理局率先探索延续转型登记模式,即对规模较大、产值较高的个体工商户、个人独资企业、合伙企业通过变更方式直接转型升级为公司,为一批有条件、有意向转型的企业打通路径,激发商事主体活力,实现商事主体类型自由流动。该模式被列入台州市政府常务会议深化商事登记改革四大举措之一。2019年,温岭市市场监督管理局在商事登记实践过程中提炼形成的《商事主体延续转型服务规范》(DB3310/T 56—2019)成为台州市级地方标准,于2019年12月12日正式发布。该标准于2020年1月1日起在台州各县(市、区)实施推广。

温岭市商事主体
延续转型的改革实践与思考*

摘　要：商事主体延续转型登记是温岭市率先开展的一项创新性工作。实施商事主体延续转型的改革，是深化最多跑一次改革、培育经济新的增长点、增强企业竞争力的需要。本文以温岭市的改革实践为基础，设计了具体的做法，体现了改革的成效，指出了存在的问题，提出了改革的建议，为深化商事登记制度改革助力。

关键词：商事主体；延续转型；注册登记改革

非法人的商事主体转型登记历来采取"一注一开"方式，容易造成企业历史的断裂，无法满足企业发展的需求，不符合"最多跑一次"的要求，不利于浙江省政府"凤凰行动"计划的推进。针对这一问题，温岭市市场监督管理局于2018年3月开始探索开展商事主体延续转型，尝试破解商事主体类型不能互通的难题，为企业打通转型路径，激发商事主体活力。在多次研讨和试点实践的基础上，温岭市市场监督管理局出台了具体的工作方案，将规模较大、产值较高的个体工商户、个人独资企业、合伙企业通过变更方式直接转型升级为公司。目前，温岭市已有 24 家商事主体

---

* 本文系浙江省工商学会2018年度重点课题，原载于《经济师》2018年第12期和《工商行政管理》2018年第22期。

通过变更流程实现延续转型。本文在总结温岭市探索开展商事主体延续转型改革的实践基础上，提出建议和对策。

一、温岭市商事主体延续转型改革的意义

（一）商事主体延续转型是深化商事登记制度改革、"最多跑一次"改革的现实需要

在紧扣"目标导向、问题导向、改革导向、满意导向"，不断推进"最多跑一次"改革驱动下，温岭市市场监督管理局不断深化放管服（简政放权、放管结合、优化服务）改革，致力于打造便利化的营商环境。随着改革的纵深推进，现已进入了商事登记领域"最多跑一次"改革的攻坚阶段。聚焦商事主体类型无法自由流通问题，商事主体延续转型登记模式应运而生，这是回应人民群众期盼的实际行动，是持续降低制度性交易成本，达到激发市场活力改革目标的有效手段。通过完善程序设计，破除机制藩篱，为企业扫清税费、产权等难点和堵点，从而驱动改革创新引擎，实现"体制机制最活、办事效率最高、发展环境最优"。

（二）商事主体延续转型是地方培育经济新的增长点、推动经济加快转型升级的战略需要

通过延续转型，将那些名义上登记为个体工商户但事实已不是以自我劳动为基础的个体工商户分离出来，使其回归到应有的经济形态，规范建账，依法纳税，有效防止税费流失。为进一步巩固提升浙江在资本市场上的全国领先地位，建设金融强省，浙江省政府实施"凤凰计划"以加快企业转型升级步伐，台州市相应地实施"加快全市企业股改上市工作三年计划"，推进企业全面建立现代企业制度。但因个人独资企业、合伙企业

无法直接升级为公司，一批规模较大、产值较高的个人独资企业、合伙企业被拦在股改门外，如温岭市大森机床厂产值达到3.7亿元，温岭市跃升齿轮厂产值达到1亿元，却都不能进行股改。延续转型登记模式为这一批有条件、有意向进行股改的企业打通了路径，实现个人独资企业、合伙企业直接变更为股份公司，一步到位，破解民营经济发展瓶颈，以制度创新促发展。

（三）商事主体延续转型是企业提升业态、增强竞争力的自身需要

随着经济社会的不断发展，部分企业不断做大做强，作为创业初期容纳器的个体工商户、个人独资企业、合伙企业等主体类型受法人地位缺失、治理模式单一、投资规模有限等因素影响，暴露出较于公司制企业明显的劣势，如融资难、无限责任、管理混乱、知名度有限等，显然已经满足不了商事主体发展需求，甚至阻碍其进一步发展。在"一注一开"转型方式下，主体资格的非延续性造成转"企"后资产流转的"断层"，而延续转型登记模式则通过变更方式解决了"一注一开"带来的企业历史断裂问题，为一批迫切希望转型升级或合并重组的商事主体搭建了转型天梯，实现主体升级自然过渡，达到整合资源、发展成长的目标，从而激发商事主体发展活力。

二、温岭市商事主体延续转型的改革实践

（一）温岭市商事主体延续转型改革的做法

1. 完善设计，防范风险纠纷

为稳妥开展此项改革，温岭市市场监督管理局选取了7个分局（所）

先行先试，同时，谨慎选取转型试点对象，以点带面推动改革工作，力求打造温岭模板。一是提高门槛，挡一批。改革试点阶段，将投资结构及类型相对简单、轻资产的商事主体先行列为改革对象，同时限制被列入企业经营异常名录或严重违法失信企业名单的商事主体进行延续转型，防止引发税务漏洞和债务风险。二是征询意见，选一批。根据企业基本情况、经营情况和资产情况，征询镇（街道）、企业开户银行等相关部门意见，选定转型对象，明确告知相关风险，并要求签署风险承担责任书，书面承诺债权债务清理情况，防范个体工商户等主体因转型将无限连带责任转为有限责任。银行有贷款的，需要企业取得开户银行的金融债权保全证明。对有意向延续转型的企业，建立档案，逐家进行分析，特别是有资产的，清楚明白地告知其延续转型后的税赋缴纳情况。三是设置救济途径，拦一批。明确在办理延续转型登记过程中隐瞒事实、提交虚假材料，造成债权人、相关利害关系人合法权益受到损害的，予以查处并撤销登记。目前，尚无一例虚假登记情况，有2家意向企业在征询镇（街道）意见过程中，1家有意向企业因被列入企业经营异常名录而不予办理延续转型，限制3家个体工商户转型后进行股权转让。

2. 优化服务，畅通转型通道

大力弘扬"店小二"精神，进一步前移服务端口。行政审批窗口开通商事主体延续转型绿色通道，实行"一表一口一次"，全程指导、帮扶，提供精准、贴心服务。前期，落实专人主动走访有意向转型的商事主体，对接转型需求，填写《商事主体转型登记调查情况登记表》，登记内容包括基本情况和生产经营情况；之后，根据商事主体现状，"一口"进行政策宣讲，统一口径准确传达试点政策和后续风险承担情况。商事主体在充分了解情况后，确定转型的，一次办结延续转型登记。登记窗口在核发延续转型营业执照的同时，出具变更情况证明，以证明该主体转型的延续性，为企业申请政策优惠及办理其他手续提供便利。简化材料，将原先个转企"一注一开"登记模式所需材料进行整合、修改与完善，制订配套表格和提交材料规范，对于将原有的经营场所作为延续升级后的企业住所（经营场所）的，可免于提交住所使用证明。以个体工商户变更为有限公司申请为例，简化后，材料由原先的先注销后新设的11份减少到7份，减少近40%，审批环节从2步减少到1步，缩减50%，审批时间从4个工作日减少至2个工作日，提速50%。

3. 有的放矢，破除机制藩篱

温岭市市场监督管理局以许可部门、税务、银行等主要涉企部门后续办理情况为关注重点，全程陪同、持续跟踪，梳理延续转型服务改革工作整体推进过程中存在的问题，找准堵点、难点，并同步完善方案流程设计，如对变更后系统无法自动识别企业类型、无法自动匹配统一社会信用代码等技术性问题，汇总上报，争取技术支持；办理延续转型前指导商事主体将年报补全，解决年报系统数据出错问题；及时向税务部门宣贯延续转型试点改革政策，消除质疑并主动提供相关凭证，确保办理延续转型的企业顺利办理税务登记；等等。目前，已办理延续转型的企业普遍反映凭市场监督管理部门提供的变更情况证明办理税务登记、银行账户开立、社会保险登记等均较便捷、通畅，尚未碰到阻碍和问题。

（二）温岭市商事主体延续转型改革的成效

1. 打造"个转企"2.0版，续写小微企业成长故事

延续转型登记模式在"个转企""二次转型"的成功经验基础上，通过变更登记实现商事主体转型升级，突破原先只能"一注一开"的登记模式，促进小微企业成长，续写从"草根到大树"的华丽篇章。转型后企业在用地用工、融资贷款、风险承担等方面，具有明显的比较优势。如温岭市豪基机床附件厂，延续转型为公司后，知名度和社会认可度大大提高，大公司与其合作意向增强。该企业成功与一家上市企业签订合同，为其

做配套产品,效益增加明显,年产值从2017年的400多万元增长到2018年的1000多万元。产值增加后,企业又引进了一套先进的生产设备,进一步扩大生产规模,提升企业竞争力。如温岭市深澳机床厂拟在延续转型后,申报各类科技计划项目及申报国家高新技术企业。通过办理企业大类变更,实现主体资格延续,并继续保有原成立日期、原档案、原商标、原荣誉等内容,转型后统一社会信用代码也保持不变,真正破解了商事主体承继难题。

2. 打响股改升级战,扩充资本市场新版图

据向温岭市股改办和各镇(街道)初步了解,目前已有30多家个人独资企业、合伙企业具备转型条件且有升级意向,但无法实现转型。现正在对这30多家企业进行综合考量,待延续转型模式步入常态化运行后,增加资产审计评估和金融债权保全证明环节,即可为真正需要打通路径实现转型升级的企业开启全面股改时代。规模上的个人独资企业、合伙企业通过变更形式延续转型为股份公司后可上新三板。如张邵荣、朱云莲夫妇名下的温岭市跃升齿轮厂、浙江巨跃齿轮有限公司、台州市亿升热处理有限公司均居行业领先地位,"跃升""巨跃"2家公司产值超过3亿元,现拟合并3家企业后整体股改上市。因温岭市跃升齿轮厂无法与其他2家公司合并,股改计划陷入僵局。推行延续转型改革后,股改计划即可顺利开展。

3. 降低制度性成本,奠定企业成长新基石

减轻企业税赋,助力企业轻装上阵。温岭市对首批了解到的意向延续转型升级企业调研显示,通过延续转型可帮助轻资产企业节约部分税赋及相关费用。通过向税务部门了解,企业变更后承担的税赋包括个人所得税、增值税、契税、土地增值税4种税,个人独资企业、合伙企业延续转型为公司,个人所得税可分5年缴,增值税缴5%,缴后2年可冲抵,契税、土地增值税免8%。个人独资企业、合伙企业按个人所得税征5%—35%,

延续转型为公司后，仅缴企业所得税25%，销售额在100万元以下的，按10%缴企业所得税。如温岭市大森机床厂，通过延续转型可节省原来"一注一开"带来的税费及相关费用约300多万元；温岭市宏典船用机械设备厂可节约费用100多万元。助力产权转换，解除企业后顾之忧。通过延续转型登记模式，企业变更形式即可反映转型前后主体延续性和一致性，凭该证明即可顺利办理产权人名称变更相关登记，避免了"一注一开"后产权证无法转换的问题，让企业聚力发展，促进实体经济转型升级。

三、温岭市商事主体延续转型改革存在的问题

（一）个体工商户延续转型为企业组织形式不顺畅

1. 统一社会信用代码无法转换

统一社会信用代码用18位的阿拉伯数字或大写英文字母表示，由登记管理部门代码（1位）、机构类别代码（1位）、登记管理机关行政区划码（6位）、主体标识码（组织机构代码）（9位）和校验码（1位）五部分组成。个体工商户与企业的统一社会信用代码中的机构类别代码不同，分别为2和1。通过变更程序，个体工商户升级到公司，企业性质发生变化，但统一社会信用代码不变，仍旧是个体工商户的代码。在商事主体后续办理证件过程中这样的营业执照可能不被其他部门认可，甚至会被误认为假执照，继而严重影响营业执照的效力。

2. 年报系统无法自动识别

个体延续转型为企业后，年报系统默认该商事主体历来为企业形式，个体年报格式与企业年报无法契合，因此年报系统提示补报年报。以温岭新河一家从个体工商户延续转型为公司的商事主体为例，原个体工商户成立时间是2016年，变更为公司后，年报系统显示其上一年度（2017年）

未进行年报,须按公司方式补报年报,但该主体原来是个体工商户,无法补报年报。

3. 企业数字证书无法申领

通过跟踪,发现一家从个体工商户延续转型到公司的商事主体无法申请企业数字证书,目前只能用原个体工商户的数字证书,可能对后续企业年报或简易注销等需要通过数字证书进行的申报有影响。

(二) 重资产企业延续转型承担税赋较重

征询税务部门后了解到,通过变更形式转型的,仍要缴纳税费,特别对于重资产企业而言,这笔税额相当大。探索商事主体延续转型登记的初衷,是为解决生产规模较大的生产性商事主体延续转型问题,而最需要延续转型的商事主体恰恰是重资产企业。对于企业来说,在投资人、经营范围等事项均不变,仅仅转变组织形式的情况下,缴纳大额税务费用不合理。一些意向企业在了解税务缴纳相关情况后,放弃延续转型。税务登记环节也尚未完全打通。税务部门在一开始对此做法表示疑惑和质疑,经过沟通和政策宣贯后,表示可以根据变更情况证明采用手动录入的方式直接办理登记,但仅仅局限于目前试点阶段登记量少的情况下,如果下阶段大量开展延续转型,仍需部门间进行沟通、协调。

(三) 部分许可证无法实现直接变更

因直接变更缺少相关法律依据及许可证系统繁杂、程序规则不一等原因,有些许可证并不能随着营业执照变更直接办理变更,而仍需采用"一注一开"的形式。以温岭市市场监督管理局办理的食品经营许可证为例,食品经营许可证分个体和企业两种类型,而在办理食品经营许可证变更时,无法选取"类型变更",因此个体工商户延续转型为企业的,食品经营许可证仍需采用"一注一开"的方式办理,而个人独资企业、合伙企业延续转型为公司,食品经营许可证可直接进行变更办理。

(四)拟上市的商事主体短时间内无法适用

现阶段,延续转型政策无法面向最终拟上市的商事主体。股份公司上市需要经过中国银行保险监督管理委员会、中国证券监督管理委员会等相关部门层层审查和评估,包括股份有限公司设立及其历次演变的合法性、有效性等内容。目前,延续转型尚在试点阶段,法律层面尚未做出相应修改,如果企业通过延续转型转换为股份公司后拟上市,在公司上市审查过程中会留下瑕疵,导致最终无法成功上市。因此,在法律法规尚未修改之前,秉着为企业负责的态度,现阶段不建议拟上市企业延续转型。一大批有股改意向企业尚在观望、等待阶段,迫切希望能够在法律层面有所保障的情况下得以转型升级。

四、温岭市商事主体延续转型改革的建议与对策

(一)强化信息支撑,升级相关业务系统,突破个体工商户转型困境

《个体工商户条例》第二十八条对"个转企"做了原则性规定,而国务院法制办在2017年《个体工商户条例(修订征求意见稿)》对这条做了明确和细化,鼓励个体户自愿转变为企业,做大做强,将第三十条内容修改为"个体工商户申请转变为企业组织形式,依法保留原有行政许可,在其字号名称不变且不与其他企业名称相同或引起公众误解的情况下,可以依照相关法律法规办理变更或重新登记手续"。由此可见,国家层面已经意识到"个转企"是大势所趋、社会所需,且通过变更方式延续转型也不失为企业转型升级的一种有效途径。鉴于此,应直面个体工商户延续转

型为企业组织形式的难点和堵点，努力打通路径。个体工商户延续转型存在的统一社会信用代码、年报、数字证书等问题，究其根本，是业务系统滞后造成的。因此，建议升级、完善市场准入系统，个体工商户变更为企业组织形式的，自动转换为企业的统一社会信用代码。相应的，将年报系统、数字证书等相关系统也进行对接和更新，后续问题也会迎刃而解。

（二）建立全面的政策保障体系，出台税费扶持政策，减轻企业转型制度性负担

商事主体类型不能互通已成为企业转型升级的痛点、难点，当下应在相关审批、税费、金融政策等方面给予倾斜和优惠，确保转型企业无负担或少负担过渡，以引导和鼓励商事主体延续转型。以涉企证照工商（市场监督管理）通办为契机，积极开展照后其他证件审批的咨询、指导及业务办理。根据企业经营情况，在企业所得税缴纳上给予相应比例减免。延续转型后的企业经认定属国家重点扶持的高新技术企业的，减免一定比例的企业所得税。企业为开发新产品、新技术、新工艺所支出的研究开发费用，在计算企业所得税时可按规定进行扣除。转型前的商事主体与转型后的企业之间划转土地和房屋权属（固定资产），投资主体、经营场所、经营范围不变的，建议免征契税和免收交易手续费。金融机构对延续转型企业要积极给予贷款支持，根据企业生产经营需求和现金流等特点，合理确定利率水平和贷款期限，拓宽抵押担保物范围，创新还款方式，提高信贷审批效率。

（三）强化顶层设计，修改相关法律法规，为商事主体延续转型提供法律支撑

商事主体延续转型是加快推进民营经济发展，进一步优化经济结构、产业结构和市场主体结构的重要手段，是打赢商事登记制度改革攻坚战

的有力武器,有着促进经济社会持续健康发展的重大意义。建议国家市场监督管理总局强化顶层设计,加强指导;建议全国人大加快制定或完善相关法律,允许不同类型商事主体通过变更方式实现互通,进一步减轻推进商事主体延续转型、推进改革工作的法律责任与风险,使得商事主体延续转型名正言顺,助推大批产值、规模较大的非法人商事主体成功转型,向规范的企业和公司方向发展,确保商事登记改革在法律法规支撑下走得更好、更远。

温岭市在浙江省率先探索延续转型登记模式，破解商事主体承继问题*

2018年以来，温岭市在省内率先探索商事主体延续转型登记模式，即通过变更的方式将个体工商户延续升级为个人独资企业、合伙企业、公司；将个人独资企业、合伙企业延续升级为公司，实现商事主体类型自由流动，加快企业转型升级步伐。截至2018年4月底，已有13家企业通过变更登记模式实现延续转型，其中个体转型为个人独资企业4家，个体转型为公司7家，个人独资企业转型为公司1家，普通合伙转型为公司1家。其主要做法如下。

一、充分调研论证，打通改革实现路径

一是主动革新，精准对接发展所需。聚焦商事主体类型无法互通的问题，出台《商事主体延续转型改革试点工作实施方案》及《商事主体延续转型登记暂行规定（试行）》，探索开展商事主体延续转型登记模式，实现商事主体类型互通，有效破解企业无法通过"二次转型"实现升级、因注销转型导致产权问题陷入僵局等难题。

---

* 本文原载于台州市政府办公室《台州政务信息》(专报)2018年第143期和浙江省工商局办公室《经验交流》2018年第94期。

二是强化组织，专项研究改革主题。成立商事主体延续转型改革工作小组，定期召开研讨会，就商事主体延续转型工作开展情况、存在问题、应对措施等进行深入研究，梳理此项工作存在的难点、堵点。建立工作交流群，实时交流，特别是针对意向企业，专题研究其转型可行性及后期风险。

三是由点及面，循序深化工作内涵。按照先易后难原则，选取7个基础较好的市场监管分局（所）及市行政服务中心商事登记综合窗口作为试点，以点带面推动改革工作。将投资结构及类型相对简单的商事主体先行列为改革对象，加强风险防范；同时严把入口关，限制被列入企业经营异常名录或严重违法失信企业名单的商事主体进行延续转型，防止引发税务漏洞和风险。截至2018年4月底，共完成延续转型登记的企业有13家，1家有意向企业因被列入企业经营异常名录而不予办理延续转型，限制3家个体工商户转型后进行股权转让。

二、优化流程设计，驱动改革创新引擎

一是简化程序，实现主体资格延续。通过变更登记办理商事主体延续转型，突破原先"个转企""二次转型"只能通过"一注一开"的登记模式，审批环节缩减50%，并可继续沿用原字号。通过办理企业大类变更，实现主体资格延续，继续保有原成立日期、原档案、原商标、原荣誉等内容，破解商事主体承继难题。截至目前，办理延续转型的13家企业均沿用之前的商号。

二是简化材料，畅通主体转型通道。将原先"个转企""一注一开"登记模式所需的材料进行整合、修改与完善，制订延续转型登记申请书。对于将原有的经营场所作为延续升级后的企业住所（经营场所）的，可免于提交住所使用证明。如个体工商户变更为有限公司申请时，材料由原

先的先注销后新设的11份减少到7份,减少近40%,审批环节从2步减少到1步,缩减50%,审批时间从4个工作日减少至2个工作日,提速50%。

三是优化服务,提升主体转型获得感。主动走访有意向转型的商事主体,对接企业转型需求,提供法律法规咨询等服务。在注册窗口开通商事主体延续转型绿色通道,提供全程免费代理的"妈妈式"服务。在核发转型企业营业执照的同时,出具《变更情况表》,以证明该主体转型的延续性,为企业申请政策优惠及办理其他手续提供便利。截至2018年4月底,帮助2家已办理转型的企业直接办理产权变更。

三、密切跟踪监测,破除改革难点痛点

一是深入跟踪,找准难点、堵点。以行政许可、税务、银行等主要涉企单位后续办理情况为重点,全程陪同、持续跟踪,梳理延续转型整体推进过程中存在的问题。办理中除税务部门对转型营业执照提出质疑外,个体转型为企业过程中问题较突出,主要为社会信用代码仍为个体工商户代码,7家由个体转型的企业均有此问题;年报系统与准入系统数据不对接,年报系统提示需要年报,2家主体出现这种情况;数字证书系统无法识别主体信息,1家主体在办理中碰到无法领用企业数字证书的情况。

二是加快推进,突破阻力障碍。完善方案流程设计,在办理前要求将年报补全,解决年报系统数据出错问题。及时向税务部门宣贯延续转型试点改革政策,并主动提供相关凭证,确保办理延续转型的企业能顺利办理税务登记。截至2018年4月底,已办理延续转型的企业税务登记率100%、年报率100%。如存在变更后系统无法自动识别企业类型、自动匹配统一社会信用代码等技术性问题,将此类问题汇总上报并争取上级部门技术支持。

三是完善设计,防范风险纠纷。办理前由市场监管部门主动征询有

关部门意见,明确告知申请人相关风险,并要求申请人签署相关风险承担责任书。制订承诺制度,由申请人书面承诺其债权债务清理情况;针对转型前的债权债务,相关责任仍由原投资人按照原商事主体的规定承担,防范个体工商户等主体因转型将无限连带责任转为有限责任。设置救济途径,办理后如有债权人、相关利害关系人在办理延续转型登记过程中隐瞒事实、提交虚假材料,造成商事主体合法权益受到损害的,按相关规定进行查处,并撤销变更登记程序。截至2018年4月底,尚无一例虚假登记情况。

浙江省台州市地方标准

DB 3310/T 56—2019

商事主体延续转型服务规范

2019-12-12 发布

2020-01-01 实施

台州市市场监督管理局　发布

商事主体延续转型服务规范

1　范围

本标准规定了商事主体延续转型的总则、基础服务、服务程序和内容、服务保障、监督与评价等内容。

本标准适用于台州市范围内开展的商事主体延续转型服务。

2　规范性引用文件

下列文件对于本文件的应用是必不可少的。凡是注日期的引用文件，仅注日期的版本适用于本文件。凡是不注日期的引用文件，其最新版本（包括所有的修改单）适用于本文件。

GB/T 36112　政务服务中心现场管理规范。

GB/T 32169.3　政务服务中心运行规范第三部分：窗口服务提供要求。

3　术语和定义

下列术语和定义适用于本文件。

商事主体延续转型

个人独资企业、合伙企业通过变更的方式转型升级为有限责任公司，变更后的公司继受和承接变更前企业的权利和义务。

注：不包括特殊的普通合伙企业、外商投资企业和被列入企业经营异常名录或严重违法失信企业名单的商事主体。

4 总则

4.1 应遵循自愿原则,由企业自主选择是否通过延续转型模式进行升级。

4.2 应通过变更登记方式实行企业类型转换,并遵循形式审查兼审慎原则。

4.3 转型后应保留商事主体原有的成立日期和统一社会信用代码;未升级为统一社会信用代码的,转型时应赋予新的统一社会信用代码。

4.4 商事主体营业执照签发日期应为转型后的公司营业期限起始日期。

5 基础服务

5.1 咨询服务

5.1.1 应通过现场、电话、网络等途径提供咨询服务,为咨询对象解答办理条件、过程等方面的疑问。

5.1.2 对有意向转型的商事主体,应在咨询过程中主动提醒其了解以下内容:

a) 商事主体延续转型相关政策;

b) 办理延续转型的前提与要求;

c) 延续转型后的赋税交纳要求;

d) 延续转型后的风险情况;

e) 延续转型登记手续和所需材料。

5.1.3 对有转型意向的商事主体,宜在咨询过程中采集企业基本登记情况、上年度生产经营情况等信息。

5.1.4 经营范围涉及后置审批事项的,应告知商事主体在未取得许可审批之前不得开展相关活动。

5.2 便民服务

5.2.1 宜提供商事主体延续转型办事指南,注明申请材料、办结时限等内容,办事指南格式参见附录 A。

5.2.2　宜落实专人主动走访有意向转型的商事主体,对接转型需求。

5.2.3　宜建立全程跟踪服务机制,采用统计分析、电话回访等形式持续跟踪许可部门、税务、银行等主要涉企部门后续办理情况。

5.2.4　应根据商事主体延续转型办理情况,延长企业自主名称申报的名称保留期限。

6　服务程序和内容

6.1　企业名称和类型变更

6.1.1　名称登记。

6.1.1.1　商事登记窗口应指导申请人通过浙江省全程电子化登记平台进行名称自主申报。

6.1.1.2　审查人员应通过浙江省全程电子化平台完成企业名称登记程序,并向申请人出具名称登记相关文书。

6.1.2　公告。

窗口受理人员应告知企业在名称登记完成后将延续转型的决定通过报纸等形式发布公告,公告时间应不少于 45 天。

6.1.3　受理审核。

6.1.3.1　窗口受理人员应指导申请人填写延续转型登记申请书等申请材料,并将信息录入浙江省全程电子化登记平台。

6.1.3.2　审核人员应对申请材料进行审查,并通过浙江省全程电子化登记平台进行核准。

6.1.3.3　校对人员应及时校对企业变更信息,校对无误后打印变更登记情况表和营业执照,并交至出件窗口。

6.1.4　出件。

6.1.4.1　窗口工作人员应将变更登记情况表和变更后的营业执照发

放至申请人,并告知其电子营业执照的下载途径。

6.1.4.2 对申请人要求快递送达的,窗口应提供邮寄服务。

6.2 相关许可变更

6.2.1 综合窗口受理。

存在前置和后置许可事项的,综合窗口应在名称登记完成后,一次性收取所需材料,并按"证照联办"程序受理。

6.2.2 非综合窗口受理。

6.2.2.1 存在前置许可事项的,申请人应在企业名称预先登记完成后,向相关部门申请相关许可证的变更或换发,在取得许可证或批准文件后方可进行企业变更。

6.2.2.2 存在后置许可事项的,申请人应在企业变更完成后,凭登记机关颁发的营业执照及相关变更证明向相关部门申请相关许可证的变更或换发。

7 服务保障

7.1 场所要求

7.1.1 各县(市、区)行政服务中心和便民服务中心商事登记窗口应提供商事主体延续转型服务。

7.1.2 服务中心设施设备、物品等配备应符合 GB/T 36112 的要求。

7.2 人员要求

7.2.1 应参加岗前培训,掌握商事主体延续转型的相关政策、要求、流程等。

7.2.2 应落实首问责任、一次性告知、容缺受理等制度。

7.2.3 服务礼仪应按照 GB/T 32169.3 执行。

7.3 档案管理

7.3.1 应建立商事主体延续转型档案管理机制,延续转型前后登记档案应合并保存,涉及登记机关改变需办理档案迁移的应当做好档案移交工作。

7.4　风险管控

7.4.1　应规范准入条件,有序拓展商事主体延续转型范围。

7.4.2　应建立虚假信息登记惩罚制度,对在办理过程中隐瞒事实、提交虚假材料,造成债权人、相关利害关系人合法权益受到损害的,应依法予以查处。

7.4.3　应建立债权债务承诺机制,债权债务承诺应包含以下2种情况:

a) 个人独资企业、合伙企业变更为有限责任公司的,应当提供经全体股东确认的资产及债权债务处置情况材料;

b) 个人独资企业、合伙企业应当在公告期满后由投资人(全体合伙人)做出债权债务清理或继承的书面承诺。

8　监督与评价

8.1　监督

8.1.1　应建立监督检查机制,对商事主体延续转型服务进行督查。

8.1.2　应建立投诉机制,依托浙江政务服务网、12345 热线平台、意见箱等多种方式,畅通投诉渠道。

8.2　评价

8.2.1　应建立服务评价机制,对商事主体延续转型服务进行评价,评价结果应作为工作考核的依据。

8.2.2　应建立持续改进机制,根据评价结果,及时采取措施,并对改进情况进行跟踪。

附录A （资料性附录）

商事主体延续转型服务指南（样式）

1. 适用范围

服务内容：个人独资企业、合伙企业通过变更的方式转型升级为有限责任。公司适用对象：个人独资企业、合伙企业。

2. 申请材料目录

2.1 个人独资企业转型升级为有限责任公司：

——个人独资企业转型升级登记申请书原件 1 份；

——个人独资企业转型升级决定书原件 1 份；

——登报公告的报样原件 1 份；

——债权债务清理承诺书原件 1 份；

——全体股东签署的公司章程原件 1 份；

——股东的主体资格证明或者自然人身份证件复印件 1 份；

——董事、监事和经理的任职文件原件 1 份（股东会决议由股东签署，董事会决议由公司董事签字）；

——法定代表人任职文件原件 1 份（股东会决议由股东签署，董事会决议由公司董事签字）；

——经营场所发生变化的，同时提交新的经营场所使用证明复印件 1 份；

——原个人独资企业营业执照正、副本原件；

——公司申请登记的经营范围中有法律、行政法规和国务院决定规定必须在登记前报经批准的项目，提交有关批准文件或者许可证件复印件1 份。

2.2 合伙企业转型升级为有限责任公司：

——合伙企业转型升级登记申请书原件 1 份；

——合伙企业转型升级决定书原件 1 份；

——登报公告的报样原件 1 份；

——债权债务清理承诺书原件 1 份；

——全体股东签署的公司章程原件 1 份；

——股东的主体资格证明或者自然人身份证件复印件 1 份；

——董事、监事和经理的任职文件原件 1 份（股东会决议由股东签署，董事会决议由公司董事签字）；

——法定代表人任职文件原件 1 份（股东会决议由股东签署，董事会决议由公司董事签字）；

——经营场所发生变化的，同时提交新的经营场所使用证明复印件 1 份；

——原合伙企业营业执照正、副本原件；

——公司申请登记的经营范围中有法律、行政法规和国务院决定规定必须在登记前报经批准的项目的，提交有关批准文件或者许可证件复印件 1 份。

3. 办结时限

法定时限：15个工作日。

承诺期限：2个工作日。

时限说明：无。

4. 收费依据及标准

不收费。

5. 结果送达

自做出决定之日起 3 日内送达。

送达方式：当场送达或快递送达。

6. 咨询投诉途径

电话咨询投诉："12345"政务咨询投诉热线。

网上咨询投诉：浙江政务服务网。

7. 办公地址和时间

办公地址：各县（市、区）行政服务中心商事登记综合窗口、各镇（街道）便民服务中心综合窗口。

办公时间：该中心窗口的办公时间。

8. 办事者到办事现场次数

1次。

注：各县(市、区)可根据实际情况编写服务指南。

温岭市商事主体延续转型改革
试点工作实施方案

为深化商事制度改革，进一步放宽对商事主体的准入管制，拓展商事主体的生存发展空间，根据《个体工商户条例》《个体工商户登记管理办法》《国务院关于印发2016年推进简政放权放管结合优化服务改革工作要点的通知》(国发〔2016〕30号)、台州市人民政府深化商事登记制度改革精神，结合温岭市的实际情况，决定开展商事主体延续转型改革试点工作，现制订如下实施方案。

一、指导思想

认真贯彻落实党中央、国务院的决策部署，按照简政放权、放管结合、优化服务的改革精神，把商事制度改革作为供给侧结构性改革的重要举措，简化商事主体延续转型登记流程，提高登记效率，改善市场准入环境，优化营商环境，服务地方经济持续健康发展。

二、工作原则

(一) 风险可控

试点初始阶段, 先易后难, 允许商事主体延续转型为投资结构及类型相对简单的个人独资企业、普通合伙企业、有限责任公司。港澳台居民个体工商户、特殊的普通合伙企业、有限合伙企业、股份有限公司和外商投资企业暂不适用。被列入企业经营异常名录或严重违法失信企业名单的商事主体, 不适用延续转型。

(二) 试点先行

由部分分局 (所) 先行先试商事主体延续转型改革试点工作, 在试点工作实施顺利的基础上, 总结经验, 完善措施, 待条件成熟后, 再逐步推开。

(三) 便捷高效

按照条件适当、程序简便的要求, 创新服务方式, 结合 "最多跑一次" 改革, 优化服务载体, 提供 "妈妈式" 服务, 方便商事主体延续转型。

三、工作目标

探索开展通过变更的方式将个体工商户延续升级为个人独资企业、合伙企业、公司; 通过变更的方式将个人独资企业、合伙企业延续升级为公司, 化解商事主体登记中的体制机制障碍, 打通现行商事主体类型不能互通的限制, 破解作为创业容纳器的个体工商户、个人独资企业、合伙企业的承继问题, 形成商事主体类型自由流动, 激发商事主体发展活力。

四、主要内容

(一) 类型自主选择

个体工商户可以自主选择转型后的企业类型，原则上升级为公司，有特殊情况的也可升级为个人独资企业或合伙企业。个人独资企业、合伙企业可升级为公司。转型后的企业应当符合《中华人民共和国个人独资企业法》《中华人民共和国合伙企业法》《中华人民共和国公司法》等法律法规规定的主体要件。

(二) 字号延续使用

以变更方式核准新的名称，名称应当符合企业名称登记管理的有关规定，原字号可以继续沿用，可能欺骗公众或造成公众误解的除外。

(三) 程序简化办理

依托浙江省全程电子化登记平台，通过变更程序办理商事主体延续转型，实现个体工商户升级为个人独资企业、合伙企业、公司，个人独资企业、合伙企业升级为公司。

(四) 落实"先照后证"

经营项目属前置审批事项的，须先办理许可证后，再进行延续转型；经营项目涉及后置审批事项的，做好"双告知"工作。

(五) 档案延续保存

延续转型前商事主体的登记档案和转型后企业的登记档案延续保存，以便政府有关部门、企业和社会公众查询。

五、工作要求

(一)勇于解放思想

要敢于打破惯性思维,面对新形势,研究新办法,拿出新举措。善于把握商事主体发展规律,发挥市场监管部门的主观能动性,根据快速发展的经济实际,及时调整工作思路、改进工作办法。

(二)精心组织实施

要精心谋划,扎实开展商事主体延续转型试点工作,及时总结提炼、完善规范。加强业务培训和行政指导,帮助窗口工作人员深入理解商事主体延续升级改革的重要意义,全面掌握有关改革具体规定、材料规范、工作流程,切实提高登记水平和服务能力。

(三)加强跟踪监测

要密切关注试点进程,做好与税务等相关部门的衔接协调工作,密切跟踪转型后商事主体在其他部门办理后续证件情况,及时上报试点工作推进过程中遇到的新情况、新问题。

附件:温岭市商事主体延续转型登记暂行规定(试行)。

附件

温岭市商事主体延续转型登记暂行规定（试行）

为鼓励和支持商事主体延续转型，按照简政放权、放管结合、优化服务的改革要求、台州市人民政府深化商事登记制度改革精神，结合温岭市实际情况，现就商事主体延续转型登记规定如下。

第一条 本规定所称商事主体延续转型，是指：在本市注册登记的个体工商户通过变更的方式延续升级为个人独资企业、合伙企业、公司；在本市注册登记的个人独资企业、合伙企业通过变更的方式延续升级为公司。

第二条 港澳台居民个体工商户、特殊的普通合伙企业、有限合伙企业、股份有限公司、外商投资企业暂不适用本规定。

被列入企业经营异常名录或严重违法失信企业名单的商事主体，不适用延续转型。

第三条 商事主体申请延续转型，应当先将债权债务清理完毕，并做出书面承诺。申请人对其申请延续转型的登记材料实质内容的真实性负责。

第四条 商事主体延续转型，应当遵循自愿原则。个体工商户可以自主选择转型后的企业类型，原则上升级为公司，有特殊情况的也可升级为个人独资企业或合伙企业。转型后的企业应当符合《中华人民共和国个人独资企业法》《中华人民共和国合伙企业法》《中华人民共和国公司法》等法律法规规定的主体要件。个体工商户为家庭经营的，应当由全体参加经营的家庭成员共同提出申请。

第五条 商事主体延续转型，应当遵循便民原则。程序上应当通过变更登记实行企业类型转换，先办理名称预先核准，再办理企业大类变更。以原有的经营场所作为延续升级后的企业住所（经营场所）的，可免于提交住所使用证明。

第六条 商事主体延续转型，名称应当符合企业名称登记管理的有关规定，以变更方式核准新的名称，原字号可继续沿用，但继续使用可能欺骗公众、造成公众误解的除外。

第七条 商事主体延续转型，经营项目涉及前置许可的，须先办理许可证或者批准文件后，再进行延续转型；经营项目涉及后置审批事项的，做好"双告知"工作。

第八条 注册窗口应做好商事主体延续转型登记档案的移交工作。延续转型前商事主体登记档案和转型后企业的登记档案延续保存，以便政府有关部门、企业和社会公众查询。

第九条 注册窗口应当建立商事主体延续转型的统计分析制度，定期编制报表，根据要求报送相关信息。

第十条 开通商事主体延续转型绿色通道，有针对性地推出具体指导项目，提供法律法规咨询、登记材料辅导、部门衔接协调等一站式服务，进一步增强商事主体延续转型便捷性。

第十一条 登记机关依照延续转型程序做出准予变更登记决定后，如有债权人、相关利害关系人举报反映商事主体在办理延续转型登记过程中隐瞒事实、提交虚假材料，造成其合法权益受到损害的，登记机关按相关规定进行查处，并撤销变更登记程序。

第十二条 本暂行规定由行政审批科负责解释。

第十三条 本暂行规定自发布之日起执行，上级部门有专门规定的，从其规定。

台州市人民政府关于进一步深化商事登记制度改革的若干意见（试行）

各县（市、区）人民政府，市政府直属各单位：

深化商事登记制度改革是推进供给侧结构性改革、推动"大众创业、万众创新"的重要抓手，是减少行政审批、转变政府职能、释放市场潜力的重要举措。为深入贯彻落实党中央、国务院的决策部署，有效保持台州商事登记制度改革试点市的先发优势，进一步释放改革红利，推动台州民营经济创新发展，根据《国务院办公厅关于加快推进"多证合一"改革的指导意见》(国办发〔2017〕41号)、《国务院办公厅关于进一步压缩企业开办时间的意见》(国办发〔2018〕32号)文件精神，结合台州市实际，现就台州市深化商事登记制度改革提出以下意见。

一、指导思想、主要目标和基本原则

（一）指导思想

深入贯彻党的十九大和习近平总书记系列重要讲话精神，按照简政放权、放管结合、优化服务改革精神，把商事登记制度改革作为供给侧结构性改革的重要举措，把改善市场准入环境、市场竞争环境作为重要着力点，通过简化审批手续、优化审批程序、创新监管方式等手段，巩固和扩大商事登记制度改革的宏观效应,降低市场准入制度性成本,进一步激发市场的活力和创造力,为台州经济发展营造良好的市场环境和具有区域竞争力的营商环境。

(二)主要目标

紧紧围绕"办事效率最高、营商环境最佳、政务服务最好、群众获得感最强"的目标,进一步加大商事登记制度改革的探索创新力度,突破政策樊篱,降低台州商事主体的准入门槛,简化登记流程,提高登记效率,实现台州市"最多跑一次"改革在浙江省乃至全国领跑、快跑,为进一步深化商事登记制度改革提供台州经验,创造台州样板。

(三)基本原则

1. 简政放权

深化商事登记制度改革,进一步放宽对商事主体的准入管制。积极化解商事主体登记中的体制机制障碍,破除现行商事主体类型不能互通的限制,破解作为创业容纳器的个体工商户的承继问题,构建便捷有序的市场退出机制,形成商事主体类型的自由流动,畅通市场进出渠道,努力激发商事主体发展活力。

2. 便捷高效

以信用优先为原则,进一步精简填报材料,探索更为简便的市场主体登记条件、登记内容和登记方式。优化商事登记流程,利用现代信息技术手段,实行商事登记全程电子化、自助登记、营业执照无纸化等举措,进一步为公众提供便捷服务。

3. 宽进严管

坚持"谁审批、谁监管,谁主管、谁监管"原则,明确事中事后监管职责。落实登记信息"双告知"、涉企信息"双公示""双随机、一公开"监管、信用联合惩戒等改革举措，实现政府部门间业务协同，加强事中事后监管，推进经济稳步健康发展。

4. 优化服务

正确处理好"减法"与"加法"的关系，实行审批权力做"减法"，管理服务做"加法"，进一步延伸服务窗口，创新服务手段，拓展服务功能，有效提升政府部门的服务效能。

二、深化商事登记制度改革的具体内容

(一) 放宽商事主体经营范围

申请人可自主按照国民经济行业分类等填报经营项目，在列明前置和后置许可经营项目的情况下，可以只填报一项与名称相对应的主要经营项目，将其他经营项目简写为"兼营其他一切合法业务，其中属于依法应当经批准的项目，取得许可审批文件后方可开展相关经营活动"，从而积极引导商事主体自主经营、诚信经营。

(二) 鼓励商事主体转型升级

允许通过变更的方式将个体工商户转型升级为企业组织形式，允许通过变更的方式将个人独资企业、合伙企业转型升级为有限责任公司。

(三) 实行商事主体住所 (经营场所) 申报制度

对商事主体的住所 (经营场所) 登记实行"一表申报"制，设定住所 (经营场所) 登记负面清单并实行动态管理。负面清单以外的商事主体，由申请人填写住所 (经营场所) 申报表申报信息并予以承诺，无需提交房屋产权证明、租赁合同、村 (居) 委会证明等住所 (经营场所) 使用证明材

料,申报人对申报的住所(经营场所)信息的真实性负完全责任。登记机关对申请人提交的住所(经营场所)申报表实行形式审查,不再审查其法定用途及使用功能。

(四)推行"一照多址""一址多照"和工位号注册

在同一县(市、区)域内,企业可申请在营业执照上加注分支机构经营场所,从而免于分支机构登记;同一地址在满足经营条件情况下,可登记为多个商事主体的住所(经营场所)。在特色小镇、科技孵化园区、众创空间、创业园(基地)、楼宇产业园、文化产业园等区域内,允许从事电子商务、软件开发等无需大面积生产经营场所的新兴行业创业者,登记时直接将统一办公场所中具体编号的办公位置(即"工位号")用于住所(经营场所)登记。

(五)实行涉企证照"一码通办"

对于营业执照已经载明的事项或国家企业信用信息公示系统已经公示的信息,各部门、各单位、各金融机构可在办理相关业务时凭申请人提供的统一社会信用代码登录国家企业信用信息公示系统自行获取,市场监督管理部门原则上不再出具相关证明。对于营业执照上未载明的事项或国家企业信用信息公示系统上无法直接获取的信息,市场监督管理部门按原操作方法提供相关证明。

(六)实行个体工商户简易申报

简化个体工商户登记材料,实现"全流程"便利化。申请人可免于填写申请书,只需口头申报信息,在工作人员输入相关信息后进行签字确认;免于提交申请人一寸照片,只需携带本人身份证明。设立个体工商户自助申报点,实行自助登记,当场领取营业执照。实行个体工商户"审核合一"，由一人行使受理、核准权，实行"一人受理、独立审核、当场发照"。

（七）实现个体工商户营业转让

允许个体工商户以办理经营者变更的方式实现营业转让，对各部门相应的许可证依法办理变更手续，并简化办理流程，保护个体工商户经营的延续性和字号的传承性。

（八）实现个体工商户跨登记辖区迁移

依托全市统一的市场准入信息共享平台，实现个体工商户市内跨登记辖区进行经营场所变更登记。个体工商户可到迁入地登记机关提交变更材料，由迁入地登记机关及时向迁出地登记机关反馈相关信息，征询迁移意见。在信息共享平台执行迁移和变更登记后，原档案通过快递寄送至迁入地登记机关，由迁入地登记机关归档。

（九）实行个体工商户简易退出机制

进一步优化个体工商户的简易注销流程。对连续两个年度未依法报送年度报告、查无下落等出现应予注销情形的个体工商户，经催告拒不办理的，登记机关按简易注销登记程序予以注销。对个体工商户自主申报注销的，简化流程，一表申报，即时即办。

（十）加强事中、事后监管

依托大数据和云计算技术，搭建全市企业信用平台，推进企业信用体系建设，发挥信用奖惩作用。实行跨部门"双随机"联合检查，努力实现对企业"一次抽查、全面体检"，推进"全市网络经营行为共治生态圈"建设，营造公平竞争、诚信经营的市场环境。

三、深化商事登记制度改革的保障措施

(一) 构建"互联网＋"全程电子化注册登记系统

推广应用浙江政务服务 App 软件,全面应用"全程电子化登记平台",实现企业名称登记、商事主体申请、受理、核准全程网上办理,实现商事主体登记"面对面"到"键对键"模式的转变。

(二) 推广营业执照无纸化

创新应用电子营业执照,大力推进以电子营业执照为支撑的全程电子化登记管理方式,对申请的商事主体办理载有企业注册登记信息的电子营业执照。推广电子营业执照的社会应用,充分发挥其在电子政务、电子商务活动中的功能作用,推进其在各政府部门及全社会的通行认可和信息共享,促进政务业务处理的全程电子化。

(三) 实行"多证合一、证照联办"登记

创新"一窗受理、后台流转、同步审核、信息互认、多证合一"的工作模式,全面推行"多证合一、证照联办"。

(四) 实现商事主体登记"就近办理"

申请人可就近选择各县(市、区)行政服务中心市场监管窗口或者市场监管分局(所)办理商事主体登记。试行全市行政区域内的商事主体"全市通办"模式,申请人可就近办理跨县(市、区)的商事主体登记,构建起"多网点、全时空、零距离"登记服务平台。

四、深化商事登记制度改革的实施要求

（一）加强组织领导

商事登记制度改革涉及部门多、牵涉面广、政策性强。市政府成立全市商事登记制度改革领导小组，统筹推进商事登记制度改革工作，协调改革过程中的重大问题。市市场监督管理局和市"最多跑一次"改革工作领导小组办公室根据本文件精神联合出台相关配套实施细则。

（二）强化部门协作

各部门要按照意见要求，加快制订和完善各领域、各环节的配套制度，与商事登记制度改革统筹推进、同步实施。对实施过程中涉及的重大调整、出现的重大问题，要及时向市商事登记制度改革领导小组上报。

（三）推动督查落实

建立目标责任体系，明确职责分工，确保商事登记制度改革创新工作扎实推进、取得成效。

（四）注重宣传引导

做好对商事登记制度改革政策的宣传解读工作，倡导诚实守信，强化主体责任，在全社会形成理解改革、关心改革、拥护改革、支持改革的良好氛围。

（五）建立容错机制

坚持准确把握，宽容失误。以相关事实为依据，以制度规定为准绳，对单位和个人在改革创新、推动发展中出现的工作失误或无意过失免除相关责任。

台州市人民政府办公室

2018 年 7 月 27 日

台州市商事主体转型升级登记实施细则
（试行）

  第一条 为深化商事登记制度改革，进一步放宽对商事主体的准入管制，拓展商事主体的生存发展空间，根据《个体工商户条例》《中华人民共和国公司法》《中华人民共和国公司登记管理条例》《中华人民共和国个人独资企业法》《个人独资企业登记管理办法》《中华人民共和国合伙企业法》《中华人民共和国合伙企业登记管理办法》等法律法规和《台州市人民政府关于进一步深化商事登记制度改革的若干意见（试行）》（台政发〔2018〕24号），制订本细则。

  第二条 本细则所称商事主体转型升级是指：在本市注册登记的个体工商户通过变更的方式转型升级为企业组织形式；在本市注册登记的个人独资企业、合伙企业通过变更的方式转型升级为有限责任公司。

  第三条 港澳台居民个体工商户、特殊的普通合伙企业、股份有限公司、外商投资企业暂不适用本细则。

  被列入企业经营异常名录或严重违法失信企业名单的商事主体不适用本细则。

  第四条 商事主体转型升级，应当遵循自愿原则，自主选择转型后的企业组织形式。转型后的企业应当符合《中华人民共和国个人独资企业法》《中华人民共和国合伙企业法》《中华人民共和国公司法》等法律法规规定的主体要件。

个体工商户为个人经营的,应当由本人提出申请;家庭经营的,应当由全体参加经营的家庭成员共同提出申请。升级企业投资者至少包含一名个体工商户经营者。

合伙企业转型升级的,应当经全体合伙人同意;个人独资企业转型升级的,应当经投资人同意。转型升级前后市场主体的投资者应保持不变。

第五条 个体工商户变更为个人独资企业、合伙企业或有限责任公司的,经营者应当先将债权债务清理完毕,并做出书面承诺。

个人独资企业、合伙企业变更为有限责任公司的,应当提供经全体股东确认的资产及债权债务处置情况的相关材料。

个人独资企业、合伙企业应当自做出转型升级决定后通知债权人并在报纸上公告,公告期不少于四十五日。原投资人(全体合伙人)应当在公告期满后做出债权债务清理或继承的书面承诺,再向登记机关提出变更登记申请。

第六条 个人独资企业、合伙企业和个体工商户转型升级为有限责任公司的,公司注册资本和股东认缴出资应当按照公司设立登记的有关规定执行,通过公司章程自主约定注册资本、出资方式和股东出资比例。原企业投资人(合伙人)可以企业全部净资产作为股东对公司的出资。

个体工商户转型升级为合伙企业的,应当由全体合伙人对各合伙人认缴或者实际缴付的出资予以确认。

个体工商户转型升级为个人独资企业的,投资人应当按照个人独资企业设立登记的有关规定申报出资。

第七条 商事主体转型升级,应当遵循便民原则。程序上可以通过变更登记实行企业类型转换,先办理名称变更预先核准,再办理企业类型变更登记。以原有的经营场所作为转型升级后的企业住所(经营场所)

的，可免于提交住所使用证明。

第八条　商事主体转型升级，名称应当符合企业名称登记管理的有关规定，以变更方式核准新的名称，原字号可继续沿用，但继续使用可能欺骗公众或造成公众误解的除外。

第九条　商事主体转型升级，经营范围涉及前置许可的，须先办理许可证或者批准文件后，再进行转型升级；经营范围涉及后置审批事项的，登记机关做好"双告知"工作，企业承诺在未取得许可审批之前不开展相关经营活动，并由登记机关通过国家企业信用信息公示系统自动将信息告知相关审批部门。企业凭登记机关颁发的营业执照及相关变更证明到许可机关办理相关许可证的变更或换发。

第十条　若合伙企业和个人独资企业有分支机构的，在转型升级为有限责任公司后，凭登记机关出具的变更证明办理原企业所属分支机构变更为分公司。

第十一条　商事主体转型升级的，成立日期保持不变。原注册号已升级为统一社会信用代码的，转型时代码不变；未升级为统一社会信用代码的，转型时赋予新的统一社会信用代码。

第十二条　登记机关按照形式审查兼审慎审查的原则，依法做好受理、审查和决定。登记机关应要求相关自然人到场签字确认，转型升级前合伙企业合伙人为非自然人的除外。

第十三条　原商事主体的档案一并归入转型后的企业档案，以便政府有关部门、企业和社会公众查询。转型升级过程中涉及登记机关改变要求办理档案迁移的，相关登记机关应当做好档案移交工作。

第十四条　登记机关依照转型升级程序做出准予变更登记决定后，如有债权人、相关利害关系人举报反映商事主体在办理转型升级登记过程中隐瞒事实、提交虚假材料，造成其合法权益受到损害的，登记机关按相关规定进行查处。

第十五条 本细则自印发之日起实施。

台州市"最多跑一次"改革工作领导小组办公室

台州市市场监督管理局

2018 年 7 月 31 日

第五章

"证照并销"改革工作

聚焦市场主体"退出难"问题,温岭市市场监督管理局于2020年9月在台州率先开展市场监管领域"证照并销"改革,梳理7类企业注销及23类后置许可注销事项实行"并销"。

2021年2月,温岭市市场监督管理局更迭升级推出"证照并销"改革2.0版本,在温岭市范围内实现跨层级、跨辖区、跨种类"套餐式"注销。通过"一套申报材料、一个窗口申报、一次审批"的工作机制,对含多个许可事项的企业运行"1+28"注销模式,从"跑多窗"变为"只跑一窗",提交材料减少60%以上,办理时限压缩至1个工作日。

2021年6月,温岭市市场监督管理局联合温岭市行政服务中心加码出台《温岭市跨部门"企业注销一件事"便利化改革迭代升级实施方案》,探索"照章联销""照银联销""破注联办""注销预检"改革新举措,依托企业注销"一网服务"平台,建立多部门数字化协同工作机制,改革和完善企业注销登记制度。

温岭市市场监督管理局开展证照并销改革工作经验,在台州市企业注销便利化改革现场推进会上予以推广,被中国新闻网、《中国质量报》、《浙江新闻》、《浙江市场周刊》、《台州日报》等媒体广泛报道。

企业退出"一步到位" 浙江温岭推进跨领域多部门企业"证照并销"改革成果初显*

　　浙江省温岭市金三角宾馆的投资人林先生近日切实感受到了"证照并销"机制的便利：在一个窗口提交了营业执照的注销申请后，工作人员告知其无需再去其他窗口注销许可证，现场即办一次性同步注销。这是温岭市深化市场主体退出改革工作取得的成果之一。截至目前，该窗口已办理完成782件，办结时间从至少2个工作日压缩到1个工作日内，申请材料精减60%以上。

　　据了解，"证照并销"是指企业在申请营业执照注销的同时，同步注销相关许可证的联审联办模式。据温岭市市场监督管理局工作人员介绍："为了让注销更加方便，在此模式下，申请人只要在一个专窗填写一张'证照并销'申请表，窗口工作人员就会在注销营业执照的同时，将信息推送至许可事项相关部门实行同步注销，形成营业执照和许可证'一套申报材料、一个窗口申报、一次审批'的联审联办模式。"

　　作为企业退出市场的最后一道手续，传统模式进行注销要求企业向各相关部门分别办理"证""照"注销手续，提交材料繁多、办事流程复杂、全程耗时较长。这一"进门容易出门难"的问题困扰了不少企业。2020年以来，温岭市市场监督管理局通过简政放权、放管结合、优化服务，在

---

* 本文原载于2021年3月9日《中国质量报》第03版。

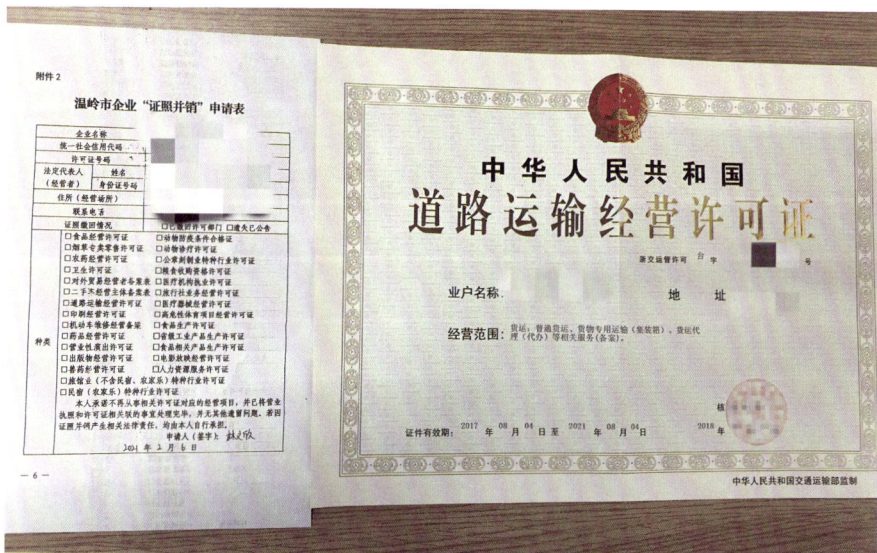

温岭市某企业的道路经营许可证和"证照并销"申请表

深化市场主体退出改革上持续发力:一方面简化企业退出手续,将注销过程中涉及市场监督管理、税务、人力资源和社会保障、海关等多个部门的事项纳入"一网"申请;另一方面,在台州市率先推出市场监督管理领域"证照并销"改革,2021年又在此基础上进一步探索实行跨领域多部门企业"证照并销"服务模式,推动出台了《温岭市关于推进企业"证照并销"改革的实施方案》,涵盖食品经营许可、特种行业许可证、烟草专卖零售许可证等28个许可事项,涉及市场监督管理、公安、烟草管理等10个部门。

下一步,温岭市市场监督管理局还将继续梳理多许可企业注销事项情形,把分散在不同部门关联的事项按注销链条优化整合起来,有条件的纳入"证照并销"许可事项名单,做到成熟一批、公布一批、实行一批,逐步拓展"证照并销"改革覆盖面。

探索路径不停步　打造样板走在前[*]

　　2020年9月，温岭市市场监督管理局聚焦市场主体退出难的问题，坚持以勇争第一的姿态，在台州率先开展市场监督管理领域"证照并销"改革，更迭升级推出"证照并销"改革2.0版本，实现跨领域、跨层级、跨种类"1＋28"套餐式注销，被各级媒体广泛报道。此项工作已上报温岭市数字化改革创新项目。截至目前，温岭市共有1008家市场主体通过该模式完成"证照并销"，居台州市首位。具体做法是围绕"三个新"，做到"三个者"。

一、聚力打造市场主体退出新模式，做好改革创新的领跑者

　　温岭市市场监督管理局以确保"跑一次是常态，跑多次是例外"为第一目标，重塑再造审批程序，提高市场主体退出效率。

　　一是事项理全，重造注销清单。梳理高频率涉企注销许可事项，按照应纳尽纳、动态管理原则，在前期市场监督管理领域8个许可事项基础上，延伸扩展到烟草、卫生健康、公安等9个领域，建立企业"套餐式"注销服务清单，将营业执照注销与28项许可（备案）事项注销整合，涵盖全市约3.4万家市场主体，事项数量居台州首位。目前正梳理其他可纳入清单事

＊ 本文系温岭市市场监督管理局于2021年4月22日在台州市企业注销便利化改革现场推进会上的经验介绍材料。

项14项,在确定其合理性后将推出第二批目录清单。

二是表格拆解,重建注销套餐。按照"保留必需、合并同类、优化简化"原则,将多个注销申请事项的表格整合为一张"证照并销"申请表。企业在申请注销时,可自主选择注销清单上的证照一并注销或停用,完成精准化退出,除需缴回的证件外,无需另行提交材料,提交材料减少60%以上。

三是环节整合,重构注销流程。紧扣"群众走前台一个窗口,部门后台同步审批"目标,整合压缩各部门办事环节,改"串联"为"并联",实现多部门平行办理。将原先各部门逐一告知、企业分别申请变为市场监督管理局一个部门一次告知、企业整体申请。窗口统一采集有关信息后流转至后台,审批及许可部门同步办结许可证注销手续,办事时限压缩至1个工作日。

二、着力构建市场主体退出新机制,做好迭代升级的推动者

温岭市市场监督管理局以助力"打造最优营商环境"为第一要务,深化习惯变革,细化责任分解,强化闭环管理,充分发挥"排头兵"作用。

一是横向部门联合,协同推进。组建由市场监督管理部门牵头,烟草、卫生健康、公安等9个单位配合的"证照并销"专班,形成工作协调机制,加强数据共享和业务协同,定期召开协调会议。建立"浙政钉"联络群,实时共享企业注销信息,强化信息流转衔接,确保在第一时间完成企业注销事宜,杜绝"有证无照"或"无证有照"等异常状态。

二是纵向上下联动,统筹抓总。出台《温岭市关于推进企业"证照并销"改革的实施方案》,明确责任主体及具体要求,加大改革推进力度,统筹协调改革问题。结合"全市通办"要求,推进各部门进一步下沉服务终端,下放审批权限,实现审批全市"一张网"。证照并销事项涉及跨层级的,通过部门协同系统线上流转注销信息,以"内部跑"实现注销一体化。

三是事中事后跟进，信用约束。通过建立信用约束机制和信息交换机制，约束企业恶意注销逃避债务、处罚等问题。注销信息流转中发现企业存在许可处罚的，及时反馈其他部门及企业予以处理。注销后发现存在隐瞒真实情况、弄虚作假的，依法将其列入严重违法失信企业名单，通过国家企业信用信息公示系统公示，并撤销注销登记程序。

三、全力搭建市场主体退出新平台，做好高效变革的践行者

温岭市市场监督管理局以助推"政府数字化转型"为第一使命，注重运用数字化思维，打破信息孤岛，加速融合共享，实现全领域智能办理。

一是应用场景设计更优。通过分析现有13个支撑平台和需求，完成最小颗粒度拆解，汇总"四个清单"、设计"一标两端"，形成以政务服务网为统一入口、统一审批平台为依托的运行体系，开辟市场主体政策获取新路径，以弹性扩张的政务云服务，实施更大范围、更宽领域、更深层次改革。

二是平台支撑覆盖更广。持续完善企业注销"一网服务"平台功能，将企业"证照并销"纳入政务网建设，目前已实现许可（备案）事项纳入浙江政务服务网统一行政权力运行系统统一收件，实现平台支撑100%覆盖。

三是简易注销举措更实。依托企业注销全量数据库，创新"预检—联检—容错"线上服务，将税务、人力资源和社会保障、商务等部门纳入注销预检，并联审查。借鉴"体检报告"模式，形成综合性诊断报告，拦截存在经营异常、股权冻结质押、欠税、发票结存、未参保登记、社会保险费欠缴等15种异常状态企业申报，其在消除状态后可申请简易注销。因承诺书书写规范问题被退回的市场主体可在补正后重新申请。进一步缩短简易注销的办理时间，公告时间缩短至20天。截至目前，已有299家企业享受到政策红利。

温岭市实行"证照并销"改革2.0
促市场主体"进退自如"*

　　温岭市在率先开展市场监管领域"证照并销"改革工作基础上，更迭升级推出"证照并销"改革2.0版本，通过"一套申报材料、一个窗口申报、一次审批"的工作机制，对含多个许可事项的企业实行"1＋28"注销模式，在温岭市范围内实现跨层级、跨辖区、跨种类"套餐式"注销。从"跑多窗"变为"只跑一窗"，提交材料减少60%以上，办理时限压缩至1个工作日。截至目前，温岭市共有782家市场主体通过该模式完成证照注销登记，居台州市首位。

一、重塑审批，畅通市场主体"一次性"注销链条

　　一是理全事项，形成一张目录。围绕"最多跑一次"改革要求，梳理高频率涉企注销许可事项，按照应纳尽纳原则，在前期市场监督管理领域8个许可事项基础上，延伸扩展到烟草、卫生健康、公安等9个领域，建立企业"套餐式"注销服务清单，将营业执照注销与28项经营许可证注销整合，涵盖全市约3.4万家市场主体，事项数量居台州首位。

　　二是理清表格，形成一个套餐。按照"保留必需、合并同类、优化简化"

---

* 本文原载于《台州政务信息》(专报)2021年第40期。

原则,将多个注销申请事项的表格整合为一张"证照并销"申请表。企业在申请注销时,可自主选择注销清单上的证照一并注销或停用,完成精准化退出,除需缴回的证件外,无需另行提交材料。

三是理顺流程,形成一套机制。紧扣"群众走前台一个窗口,部门后台同步审批"目标,整合压缩各部门办事环节,改"串联"为"并联",实现多部门平行办理。将原先各部门逐一告知、企业分别申请变为市场监督管理局一个部门一次告知、企业整体申请。窗口统一采集有关信息后流转至后台,审批及许可部门同步办结许可证注销手续,办事时间从原先至少2个工作日压缩至最快1个工作日内办结。

二、纵横联动,建立多部门跨领域市场主体改革推进体系

一是横向部门联动,协同办理。组建由市场监督管理部门牵头,烟草、卫生健康、公安等9个单位配合的"证照并销"专班,形成工作协调机制,加强数据共享和业务协同,定期召开协调会议。建立"浙政钉"联络群,实时共享企业注销信息,强化信息流转衔接,确保在第一时间完成企业注销事宜,杜绝"有证无照"或"无证有照"等异常状态。

二是纵向上下联动,统筹抓总。出台《温岭市关于推进企业"证照并销"改革的实施方案》,明确责任主体及具体要求,加大改革推进力度,统筹协调改革问题。结合"全市通办"工作推广,推进各部门进一步下沉服务终端,下放审批权限,实现审批全市一张网。证照并销事项涉及跨层级的,通过部门协同系统线上流转注销信息,以"内部跑"实现注销一体化。

三是事中事后跟进,信用约束。通过建立信用约束机制和信息交换机制,约束企业恶意注销逃避债务、处罚等问题。注销信息流转中发现企业存在许可处罚的,及时反馈其他部门及企业予以处理。注销后发现存在隐瞒真实情况、弄虚作假的,依法将其列入严重违法失信企业名单,通

过国家企业信用信息公示系统公示,并启动撤销注销登记程序。

三、优化提级,完善"注销一件事"改革提质扩面布局

一是事项清单动态更新。首批"证照并销"许可事项清单包含烟草专卖零售许可证、卫生许可证、特种行业许可证等28个涉企许可事项,清单实行动态管理,根据推进情况进行更新,逐步推广至其他许可事项,实施更大范围、更宽领域、更深层次改革。目前正梳理其他可纳入清单事项14项,在确定其合理性后将推出第二批目录清单。

二是简易注销举措革新。进一步缩短简易注销的办理时间,简易注销登记公告时间从45天缩短为20天,截至目前已有226家企业享受到政策红利。建立简易注销容错机制,因异常状态未纳入简易注销范围的市场主体,在消除状态后可申请简易注销,因承诺书书写规范问题被退回的市场主体可在补正后重新申请。

三是数字赋能驱动创新。持续完善企业注销"一网服务"平台功能,将企业"证照并销"纳入政务网建设,推进各部门注销登记(备案)业务系统与"一网服务"平台对接。目前已实现营业执照和食品经营许可证一网注销,市场主体可在"一网服务"平台同步申请营业执照注销和食品经营许可证注销。该平台将采集的注销信息即时推送至食品经营许可系统,许可系统完成注销后将办件结果实时反馈"一网注销"平台,实现"证照注销"一网通办、进度可查。

温岭市"三减三开三畅通"
促进企业注销迭代升级*

　　为进一步完善市场主体退出机制，优化社会资源配置，保持市场活力，温岭市市场监督管理局积极营造宽松便捷的市场准入和退出环境，通过"三减三开三畅通"迭代升级企业注销"一件事"改革，汇聚部门协作合力，延伸全链式服务触角，破解特殊注销政策盲区，推动注销便利化改革纵深发展，实现企业简易注销时间提速25天，退出时间提速50%以上。2021年上半年，共注销企业2300户，同比增长114.35%，并在台州市率先办理企业"照银联销"，有效节省企业银行排队和办理时间。

一、"三减增效"，开启企业退出快速通道

　　一是缩减时间，改"分时"为"同时"。依托企业注销"一网服务"平台，打通市场监督管理与公安部门后台信息壁垒，形成营业执照与企业公章"一窗收缴、同步注销"的"照章联销"机制。建立收缴、处置"双台账"，登记机关将收缴公章定期移交，由公安部门进行统一处置，免去企业在完成营业执照注销后向公安机关上缴公章的程序，该举措可为企业减少往返跑2次。

---

* 本文原载于《温岭政务信息》(专报)2021年第117期。

二是缩减成本，改"线下"为"线上"。企业证照遗失由原先的线下登报公告改为通过国家企业信用信息公示系统线上免费刊登遗失声明，申请注销登记的企业可免于补照。该举措可为企业节约登报等待时间3天，减少往返跑2次，节约登报公告费用约300元/家。

三是缩减环节，改"串联"为"并联"。扩展企业注销"一件事"事项清单，畅通企业注销"一件事"全链条，实现市场监督管理、税务、人力资源和社会保障、海关、涉企许可部门等多事项并联审批。取消清算组备案环节，企业可线上直接发布清算公告，符合特定条件的企业免予办理税务部门清税手续，同时营业执照与28项许可事项注销登记形成"套餐式""证照并销"模式。2021年以来，共办理"证照并销"1236家。

二、"三开提质"，打造注销服务创新样板

一是开通预约通道，银行账户注销优先办。充分借力商业银行服务联合体，建立"照银联销"数据互通平台，提供账户撤销预约办理服务。通过"一网服务"平台获取企业开户情况及开户银行信息，开通"照银联销"预约办理绿色通道，预约企业可优先办理银行账户注销业务，有效节约银行排队和办理时间，降低企业注销时间成本。

二是开通修改通道，简易注销二次办。引导企业通过"一网注销"平台申报注销，平台自动检测企业是否符合简易注销条件。建立简易注销容错机制，允许资料上传错误的企业多次申报重新公告。公告期结束的企业发现信息错误，退回修改补正资料，无需重新计算公告时间。压缩简易注销的公告时间由45天至20天，企业退出提速50%以上。2021年以来，企业简易注销占比达57.41%。

三是开通"办理进度链"，企业注销追踪办。对企业注销所有联办环节进行进度管理和过程追踪，企业注销"一网服务"平台设置办理状态追

踪功能,每个申报注销的企业生成专属"办理进度链",直观显示各联办环节的受理时间、办理时限、当前办理情况等信息。企业可随时登录平台获取注销办理进度,掌握办理情况,以便及时补充资料。2021年以来,已通过企业注销"一网服务"平台追踪办理公司全流程网上申报注销659家。

三、"三畅破难",建立分类诊断精准模式

一是畅通联办路径,推进破产企业注销办理。符合简易注销条件的破产企业无需进行简易注销公告即可办理注销,实现企业破产与注销联办;普通程序注销的破产企业,凭法院出具的终结破产程序裁定书,按照简易注销程序办理注销,当日办结。目前已有15家破产企业通过简易注销程序办理注销,为每家破产企业节约公告时间20天。

二是畅通专办路径,设立"企业注销一件事"专窗。专窗专员提供企业注销"一件事"服务,在受理企业注销登记的同时,同步受理相关许可证注销材料、收缴企业公章、告知企业银行账户注销相关提交材料及办事流程、帮助企业预约注销银行账户,做到"一窗受理、一链服务、当日办结"。如台州新泉泵业有限公司通过专窗申请,完成了简易注销公告、"照章并销"、预约银行账户注销等全流程注销手续6个。

三是畅通数据路径,实现企业注销风险预检。在办理企业注销前,汇总各部门风险预检反馈信息,形成各部门未结事项清单,告知办结材料与流程,实现企业注销信息一网申报、一次采集、多方共享。该举措减少注销公告期间及公告结束后异议驳回情况,提升简易注销成功率。上半年简易注销占比同比增长69.69%。

温岭市市场监督管理局关于推进企业 "证照并销" 改革工作实施方案

为进一步做好温岭市企业注销"一件事"改革扩面提升工作,解决企业在营业执照、许可证件注销过程中多次跑的问题,有效提高企业退出效率,根据《国务院关于做好自由贸易试验区第六批改革试点经验复制推广工作的通知》(国函〔2020〕96号)和《省发展改革委等九部门关于印发〈浙江省实施优化营商环境"10+N"便利化行动方案(2.0版)〉的通知》(浙发改体改〔2020〕276号)精神,结合温岭市实际,决定开展"证照并销"推动企业注销"一件事"改革再升级,现制订如下实施方案。

一、工作目标

根据"最多跑一次"改革要求,紧紧抓住企业注销中的难点、痛点、堵点,优化整合证照注销审批流程,缩短审批链,实现"证照并销"。进一步梳理并销事项,囊括温岭市市场监督管理局企业登记及后置许可登记的23类注销事项(见附件1),以"一口清""一窗收""一天办"的优化服务举措,打造有温度、便利化、友好型的新型政务服务体系,努力提升企业办事体验感。

二、工作内容和措施

"证照并销"是指企业向市场监督管理部门申请办理证照注销,在申请材料齐全、符合法定受理条件的前提下,通过前台窗口无差别受理、后台同步审核,实现营业执照、许可证件同时当场注销的审批模式。

(一)并销告知一口清

针对不同事项以"多审合一"的理念,重塑"一张申请表单、一套申报材料、一次申报、一次审批"的运行机制,制订精细化注销指南,根据企业生存轨迹提供个性化注销方案,"一口"清楚完整告知企业,便于企业办结温岭市市场监督管理局职权范围内登记、许可事项的注销手续,确保高效退出。

(二)并销受理一窗收

企业并销事项涉及一个层级,原则上以许可证件颁发窗口作为"一窗"入口。登记权限已下放至分局(所)的企业,统一由所在辖区分局(所)窗口受理注销手续;所有企业可由行政服务中心窗口受理注销手续。企业并销事项涉及跨层级的办理流程,通过线上线下融合,以内部跑实现一体化注销。登记权限已下放至分局(所)的企业涉及市局核发的许可证,由所在辖区分局(所)窗口统一受理,内部流转注销手续;行政服务中心窗口注销涉及分局(所)核发的许可证,参照上述标准执行。受理企业注销申请需同时查询在本部门所涉其他需注销事项,一并予以注销。

(三)并销时限一天办

并销手续要求一天办结,鼓励即办,档案按"一企一档"进行归档。

三、工作要求

(一) 加强领导,扎实推进

加强窗口受理人员业务培训,确保窗口人员全面了解各项改革措施,切实减少审批时间,提高审批效率,为企业提供便捷、高效的服务。加强对企业的改革宣传解读,引导企业充分知晓改革内容、根据实际需要自愿选择注销方式。

(二) 上下联动,协同推进

建立上下联动的工作机制,各单位切实增强工作主动性、积极性和自觉性,形成无缝隙、一体化、零障碍的审批机制,确保企业"证照并销"各环节运行顺畅,提高证照注销审批效率。

(三) 统筹兼顾,有序推进

各单位在办理相关申请时要统筹兼顾,在依法行政的基础上,积极探索"证照并销"的新做法。同时强化部门协作,联合探索"证照并销"的新领域,将成熟一批,公布一批,实行一批,逐步拓展"证照并销"的范围。

四、实施时间

本方案自发布之日起实施。
农民专业合作社、个体工商户可参照执行。

附件：1.企业"证照并销"事项目录（2020年第一版）；

2."证照并销"流程图。

温岭市市场监督管理局

2020年9月8日

附件1

企业"证照并销"事项目录（2020年第一版）

序号	事项名称
1	公司注销登记
2	分公司注销登记
3	非公司企业法人注销登记
4	营业单位及非法人分支机构注销登记
5	外商投资企业注销登记
6	外商投资企业分支机构注销登记
7	外商投资合伙企业注销登记
8	外商投资合伙企业分支机构注销登记
9	个人独资企业注销登记
10	个人独资企业分支机构注销登记
11	合伙企业注销登记
12	合伙企业分支机构注销登记
13	农民专业合作社注销登记
14	农民专业合作社分支机构注销登记
15	个体工商户注销登记
16	食品生产许可证注销
17	药品经营许可证（零售）注销
18	食品经营许可证注销
19	医疗器械经营许可证注销
20	食品生产经营登记证注销
21	计量授权证书注销
22	省级工业产品生产许可证注销
23	食品相关产品生产许可证注销

附件2

企业"证照并销"流程图

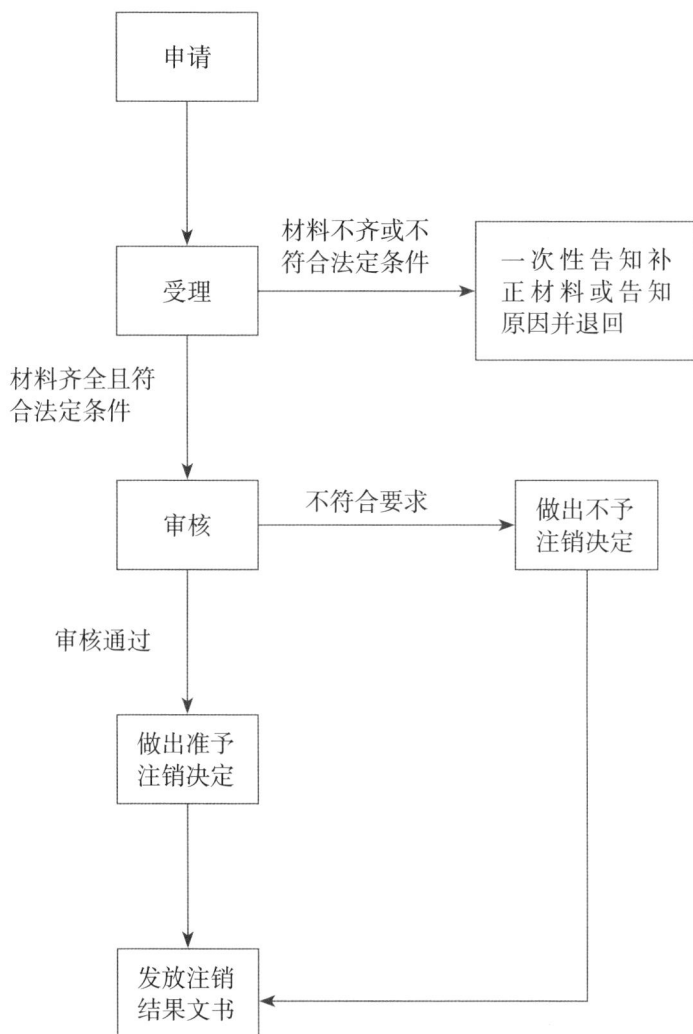

```
                    ┌─────────┐
                    │   申请   │
                    └─────────┘
                         │
                         ▼
                              材料不齐或不
                              符合法定条件       ┌──────────────┐
                    ┌─────────┐────────────────▶│ 一次性告知补 │
                    │   受理   │                 │ 正材料或告知 │
                    └─────────┘                 │ 原因并退回   │
                         │                       └──────────────┘
          材料齐全且符
          合法定条件
                         │
                         ▼
                              不符合要求        ┌──────────────┐
                    ┌─────────┐────────────────▶│   做出不予   │
                    │   审核   │                 │   注销决定   │
                    └─────────┘                 └──────────────┘
                         │                              │
          审核通过                                      │
                         │                              │
                         ▼                              │
                    ┌─────────┐                         │
                    │ 做出准予 │                         │
                    │ 注销决定 │                         │
                    └─────────┘                         │
                         │                              │
                         ▼                              │
                    ┌─────────┐                         │
                    │ 发放注销 │◀────────────────────────┘
                    │ 结果文书 │
                    └─────────┘
```

温岭市关于推进企业"证照并销"
改革的实施方案

为深入推进企业注销"一件事"改革提质扩面,解决企业在营业执照、许可证件注销过程中多部门多次跑的问题,现决定开展"证照并销"改革,全面提升企业注销便利化水平,特制订本实施方案。

一、工作目标

聚焦"最多跑一次"改革要求,梳理高频率涉企注销许可事项,重塑审批流程,运行"一套申报材料、一个窗口申报、一次审批"的工作机制,开展营业执照和许可证同步注销、联审联办,实现"证照并销",破解注销难。

二、实施范围

企业"证照并销"实施目录制管理。申请营业执照和目录中相关许可证注销的,均可按"证照并销"模式办理登记。目录实行动态管理,根据推进情况进行更新。第一批目录详见附件1。

三、工作内容

（一）并销受理一套表

按照"保留必需、合并同类、优化简化"的原则，整合"证照并销"提交材料，制订一套申请表格。

（二）并销受理一窗收

设立"证照并销"专窗，负责申报材料的受理和审查。窗口一次性告知并接收关联许可证注销申请，同时注销所有证照。

（三）并销审核一次办

专窗受理并流转至后台，审批人员完成营业执照注销后在1个工作日内通过"证照并销"浙政钉工作群将注销信息推送给许可证注销审批部门。许可部门运用相关信息，在1个工作日内办结相应的许可证注销手续。

四、工作要求

（一）加强领导，有序推进

建立"证照并销"改革工作协调机制，统筹协调改革问题，确保改革工作推进有序。在第一批目录基础上，积极探索，条件成熟后逐步推广至其他许可事项，做到成熟一批，公布一批，实行一批。温岭市市场监督管理局作为牵头部门，要抓好综合协调和指导工作。相关行政许可部门要立足自身职能，密切配合，主动作为，切实承担并完成相关改革任务。

（二）加强联动，协同推进

各相关部门要高度重视"证照并销"改革工作，切实增强工作主动性、积极性和自觉性，加强部门协作，优化材料流程，强化跟踪督查，做好流转衔接工作，确保企业"证照并销"各环节运行顺畅，提高"证照并销"审批效率。

（三）加强培训，稳步推进

各相关单位要组织开展"证照并销"改革培训，确保所有人员熟练掌握相关工作要求和改革举措。做好对改革政策、推进情况的宣传解读工作，引导企业充分知晓改革内容，根据实际需要自愿选择注销方式。

五、实施时间

本方案自发布之日起实施。

附件：1. 温岭市第一批纳入"证照并销"的许可事项名单；

2. 温岭市企业"证照并销"申请表；

3. 温岭市企业"证照并销"流程图。

温岭市人民政府办公室

2021年2月23日

附件1

温岭市第一批纳入"证照并销"的许可事项名单

序呈	许可事项名称	许可（发证）部门	备注
1	食品经营许可证	市市场监督管理局	
2	医疗器械经营许可证	市市场监督管理局	
3	食品生产许可证	市市场监督管理局	
4	药品经营许可证	市市场监督管理局	
5	省级工业产品生产许可证	市市场监督管理局	
6	食品相关产品生产许可证	市市场监督管理局	
7	烟草专卖零售许可证	市烟草专卖局	
8	旅馆业（不含民宿、农家乐）特种行业许可证	市公安局	
9	民宿（农家乐）特种行业许可证	市公安局	
10	公章刻制业特种行业许可证	市公安局	
11	卫生许可证	市卫生健康局	
12	医疗机构执业许可证	市卫生健康局	
13	高危性体育项目经营许可证	市文化和广电旅游体育局	
14	旅行社业务经营许可证	市文化和广电旅游体育局	
15	营业性演出许可证	市文化和广电旅游体育局	
16	道路运输经营许可证	市交通运输局	
17	机动车维修经营备案	市交通运输局	
18	新闻出版经营许可证	市新闻出版局	
19	新闻出版经营许可证	市新闻出版局	
20	新闻出版经营许可证	市新闻出版局	
21	动物防疫许可证	市农业农村和水利局	
22	动物诊疗许可证	市农业农村和水利局	
23	农药经营许可证	市农业农村和水利局	
24	兽药经营许可证	市农业农村和水利局	
25	人力资源服务许可证	市人力资源和社会保障局	
26	对外贸易经营者备案表	市商务局	
27	二手车经营主体备案表	市商务局	
28	粮食收购资格许可证	市商务局	

附件2

温岭市企业"证照并销"申请表

企业名称		
统一社会信用代码		
许可证号码		
法定代表人 (经营者)	姓名	
	身份证号码	
住所(经营场所)		
联系电话		
证照缴回情况	□已缴回许可部门	□遗失已公布
种 类	□食品经营许可证 □烟草专卖零售许可证 □农药经营许可证 □卫生许可证 □对外贸易经营者备案表 □二手车经营主体备案表 □道路运输经营许可证 □印刷经营许可证 □机动车维修经营备案 □药品经营许可证 □营业性演出许可证 □出版物经营许可证 □兽药经营许可证 □旅馆业(不含民宿、农家乐)特种行业许可证 □民宿(农家乐)特种行业许可证	□动物防疫条件合格证 □动物诊疗许可证 □公章刻制业特种行业许可证 □粮食收购资格许可证 □医疗机构执业许可证 □旅行社业务经营许可证 □医疗器械经营许可证 □高危性体育项目经营许可证 □食品生产许可证 □省级工业产品生产许可证 □食品熟读品生产许可证 □电影放映经营许可证 □人力资源服务许可证
本人承诺不再从事相关许可证对应的经营项目,并已将营业执照和许可证相关联的事宜处理完毕,并无其他遗留问题。若因"证照并销"产生相关法律责任,均由本人自行承担。 申请人(签字): 　　　　　　　年　　月　　日		

附件3

温岭市企业"证照并销"流程图

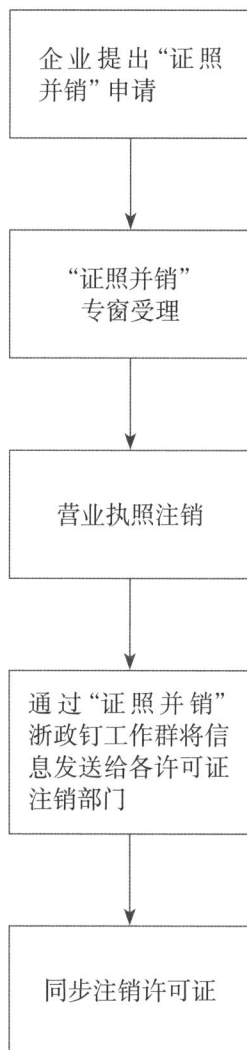

```
┌─────────────────┐
│  企业提出"证照   │
│    并销"申请     │
└─────────────────┘
         │
         ▼
┌─────────────────┐
│   "证照并销"     │
│    专窗受理      │
└─────────────────┘
         │
         ▼
┌─────────────────┐
│   营业执照注销    │
└─────────────────┘
         │
         ▼
┌─────────────────┐
│  通过"证照并销"  │
│ 浙政钉工作群将信  │
│ 息发送给各许可证  │
│    注销部门      │
└─────────────────┘
         │
         ▼
┌─────────────────┐
│   同步注销许可证   │
└─────────────────┘
```

温岭市跨部门"企业注销一件事"便利化改革迭代升级实施方案

为进一步完善市场主体退出制度,切实解决市场主体退出难的问题,推动注销便利化改革扩面提质,在温岭市企业"证照并销"改革成效的基础上,开展跨部门"企业注销一件事"便利化改革全面升级工作,制订实施方案如下。

一、工作目标

改革和完善企业注销登记制度,依托企业注销"一网服务"平台,以数字化转型为手段,建立多部门协同工作机制,迭代升级"企业注销一件事"改革。按"最优、最简、最快"的要求,细化整理办事情形,以"线上为主,线下为辅"办理模式有序开展改革工作。加快实现跨部门企业注销办理手续不超过2个、办理材料不超过5件,符合条件的即办。

二、具体措施

(一)实行"照章联销"

企业通过注销"一网服务"平台申请注销登记时可自愿选择是否办

理"照章联销",实现登记机关与公安部门后台信息互通,由企业注销"一件事"专窗负责注销登记办理及印章收缴,公安部门负责公章备案信息注销。建立印章收缴、处置2项工作台账,收缴的印章定期移交,由公安部门进行核对并统一处置。

(二)探索"照银联销"

依托商业银行服务联合体,建立"照银联销"数据互通平台和预约办理机制。企业申请注销登记时,同步获取企业开户情况及开户银行信息,告知营业执照注销及银行账户注销相关提交材料及办理流程,提供开户许可证注销预约服务。各银行机构开通"照银联销"预约办理绿色通道,预约企业可优先办理银行账户注销业务。

(三)实行"破注联办"

实现企业破产与注销联办,经人民法院宣告破产的企业,破产管理人持终结破产程序裁定书申请注销。符合简易注销条件的,企业可通过企业注销"一网服务"平台申报,无需进行简易注销公告。申请简易注销的破产企业营业执照遗失的,通过国家企业信用信息公示系统免费发布营业执照作废声明或在报纸刊登遗失公告,也可由管理人出具情况说明,破产企业或管理人可不再补领营业执照。市场监督管理部门按简易注销程序办理破产企业注销,当日办结。

(四)建立"注销预检"机制

以"一网注销"平台为依托,实现数据信息后台流转,市场监督管理、税务、人力资源和社会保障、海关、商务等部门联合对申请企业进行注销风险预检,由市场监督管理部门汇总各部门反馈信息,形成企业注销未结事项清单,同步告知办结材料与流程。有效减少注销公告期间及公告结束后有关部门异议驳回情况,提升简易注销成功率。

三、工作要求

(一)强化组织实施

"企业注销一件事"便利化改革是企业全生命周期的重要一环,也是进一步优化营商环境的重要内容,行政服务中心相关窗口要认真贯彻落实本方案提出的各项任务和要求。市场监管部门要充分发挥牵头作用,抓好综合协调和指导工作,相关部门窗口要密切配合,主动作为,承担并完成相关改革任务。

(二)强化部门联动

结合温岭实际情况,加强部门间数据共享,优化流程,简化材料,做好信息流转和衔接工作,切实提高市场主体退出效率。建立健全改革工作长效机制,确保改革落地见效。

(三)强化培训督评

各部门要不断加强工作人员业务培训和业务指导,提高一线人员业务素质能力,提高市场主体注销服务水平。结合营商环境评价,加强对"企业注销一件事"便利化改革工作的考核。

温岭市市场监督管理局

温岭市人民政府行政服务中心

2021年6月21日

第六章

简易注销和已注销企业遗留不动产处置工作

2020年，温岭市市场监督管理局全方位实施"信用＋市场主体退出"方案，多途径畅通市场主体退出渠道，系统性应用信用风险分类监督管理，坚持信用激励与信用约束并举，采取便利化和限制性正反措施，对守信者畅通退出通道，对失信者加大退出成本，促进市场主体规范、有序、高效、平稳退出市场，进一步挤压市场"水分"，实现市场要素的有效配置。相关改革工作经验在台州市市场监督管理系统信用监督管理工作会议上做了介绍。

但是，企业注销后发现该企业名下还有不动产，该如何处理？为切实解决历史遗留问题，2021年5月，温岭市市场监督管理局、温岭市自然资源和规划局、国家税务总局温岭市税务局在台州市率先破解注销企业遗留不动产处置难题，联合制订出台《已注销企业遗留不动产处置方案》。建立注销企业遗留不动产处置机制，可有效盘活企业"沉睡资产"，并在一定程度上缓解社会用地需求，进一步扩大政府税源，实现企业、社会、政府"三赢"。

聚焦"信用＋市场主体退出"
全力打造市场主体退市"快车道"*

近年来,温岭市市场监督管理局全方位实施"信用＋市场主体退出",多途径畅通市场主体退出渠道,系统性推进信用风险分类管理,坚持信用激励与信用约束并举,采取便利化和限制性正反措施,对守信者畅通退出通道,对失信者加大退出成本,促进市场主体规范、有序、高效、平稳退出市场,进一步挤压市场"水分",实现市场要素的有效配置,交出了一份颇具特色的"温岭答卷"。

一、规范依申请注销,为顺畅清退守信主体提供"温岭方案"

市场经济就是信用经济。市场主体在其设立章程中按照意思自治原则,依法对解散事由做出约定,当解散事由出现时,由其按照治理程序决议解散,申请退出市场。其间,对信用信息良好、主要负责人或股东个人信用记录正常的市场主体,积极应用简易注销程序,减少提交材料、缩短公告时间、简化注销环节等,予以便利化注销,节约市场主体退出成本;反之,则不予简易注册或不予受理简易注册。建立容缺机制,对被中止注

---

* 本文系2020年10月28日温岭市市场监督管理局在台州市市场监督管理系统信用监督管理工作会议上所做的经验介绍材料。

销登记的企业,允许其符合条件后再依程序申请简易注销,解决简易注销登记适用范围有限、登记流程容错率低等问题。信用良好的市场主体退出时存在其他障碍的,按照"一企一策"原则,为其"量身定做"注销方案,打通退出渠道,搭乘"快车道"。2020年以来,共应用信用原则办理简易注销464件,信用信息反向应用于注销程序共204件。

二、创新依职权注销,为快速清退空壳主体提供"温岭经验"

针对商事登记改革主体数量剧增,"空壳主体"日益增多,导致数据失真,增加行政成本和监督管理风险等问题,在尚无先例可循的情况下,温岭市市场监督管理局率先在台州市乃至浙江省开展个体工商户依职权注销,出台《个体工商户依职权注销登记程序暂行规定》,对温岭市7万余个体工商户的经营情况展开核查,按照"唤醒一批、规范一批、注销一批"的原则,开展长期停业未经营户注销清理工作,加快"空壳主体"退出市场。一是主动出击,摸清底数。通过企业信用信息监督管理系统,筛选出连续两年以上不申报年度报告且被标记为异常经营状态达两年以上的个体工商户名单,由各分局(所)通过电话确认、实地检查、村居见证等多种方式,对仍在经营的个体户唤醒动员补报年报,对无法联系的列入拟注销名单。二是部门联动,精准发力。加强与税务部门协调协作和数据比对,由税务部门根据税务登记证名录库,对市场监督管理部门提供的拟注销的个体工商户名单进行纳税情况核查、比对,从中筛选出税务登记状态为注销、查无信息、非正常等类型,为清理工作提供可靠有效的外部信息。三是批量注销,完善救济。依照《个体工商户依职权注销登记程序暂行规定》,按照法定职权通过立案审批、核查审批、注销公示、注销登记四个环节,批量注销个体工商户登记,予以强制清退,释放行政资源。2016年以来至今,已开展依职权注销清退5244家个体工商户。同时提供救济途径,对通过举证证明其存在实际经营的被注销个体工商户，可申请解除强制注销，经查证属实后，即可恢复其主体资格。

三、实施行业整治，为强制清退特定主体提供"温岭样板"

鞋业是温岭传统特色产业之一，而长期以来其发展方式粗放、产业层次不高、创新能力不强等问题，成为掣肘产业向好、向上发展的"紧箍咒"。2018年初，温岭市以6个鞋业重点镇（街道）为突破口，全面启动鞋业整治提升三年行动。温岭市市场监督管理局紧扣市委中心工作，在助力鞋业优化升级的同时，发力整治"低小散"鞋类企业，对于列入政府治理的鞋业整治对象和全域改造目标，统一加注整治标签，分类分批退出市场。助推出台《温岭市民房内鞋业生产企业执照注销或吊销工作方案》《温岭市鞋业证照办理处置措施》等文件，以铁腕整治的"减法"，换来发展动能转换的"加法"，从而倒逼企业转型升级。其间，针对不符合生产条件要求的民房内鞋业生产企业，摸排梳理主体清单，根据市人民政府文件要求，依法依规予以强制退出鞋业生产领域，促进行业整治提升，优胜劣汰，加快区域经济健康发展。截至目前，全市已清理吊销民房内鞋业生产企业13批2694家，查处取缔无照鞋企4596家，立案查处涉鞋违法案件421件，罚没款688万元，移送公安追究刑事责任者3人。

四、加强信用约束，为柔性清退失信主体提供"温岭模式"

开展长期停业未经营企业，既是落实"宽进严管"要求的重要举措，也是建立健全市场退出机制和企业年报长效机制的必然要求，有利于提升市场主体数据质量，夯实信用监督管理基础。在清理过程中，温岭市市场监督管理局采取批量吊销营业执照，进一步缓解商事制度改革"准入"

与"退出"的突出矛盾,提升存量企业质量。鉴于吊销营业执照对企业是极为严厉的行政处罚,在具体开展工作时,为规范吊销程序,促进依法行政,根据原《工商行政管理机关行政处罚程序规定》和工商总局、税务总局联合印发《关于清理长期停业未经营企业工作有关问题的通知》精神,结合温岭市实际,邀请法制机构进行业务会商、全程指导,并由法制机构出台《关于办理吊销长期停业未经营企业营业执照案件涉及证据收集、程序适用、文书规范若干问题的参考意见》,编成《法制参考》,对网上立案、现场核实、调取证据、文书送达、批量吊销等关键环节,都作出详细规定,有力地指导基层规范吊销程序、统一证据收集和执法文书。截至2019年年底,已吊销长期停业未经营企业2784家,农专合作社77家。其间,对被吊销3年以上且未依法主动清算的市场主体,经相关强制注销程序,列入强制注销名录,予以强制退出,而对于主动申请办理注销登记的,则终止吊销程序。目前已对2020年拟吊销的1609家企业和农专合作社,按相关程序规定公告送达强制注销的听证文书。

五、强化刚性执法,为彻底清退违法主体提供"温岭实践"

围绕加快构建以信用为核心的新型市场监督管理机制这一目标,完善守信联合激励和失信联合惩戒制度,温岭市市场监督管理局坚持依法依规加强对失信违法行为的行政性约束和惩戒,对相关部门转送、抄告的严重失信违法主体,及时将其列为重点监督管理对象,依照法定程序采取约束和惩戒措施。

以食品安全领域为例,《中华人民共和国食品安全法》第一百三十五条第二款规定:因食品安全犯罪被判处有期徒刑以上刑罚的,终身不得从事食品生产经营管理工作,也不得担任食品生产经营企业食品安全管理人员。因此,在市场准入方面,温岭市市场监督管理局率先在台州启动实施禁业限制,出台《关于对涉嫌食品安全犯罪案件移送后的行政处理指导意见》及其补充规定,规定在接到有关食品安全犯罪的人民法院生效判决后,应及时收集完善证据,依法做出吊销食品生产许可证、食品经营许可证及营业执照等行政处罚,对食品严重违法犯罪的企业或个人实施市场禁入"资格罚",并列入食品药品安全严重失信者名单和食安金融联合惩戒对象,对食品行业违法违规企业和个人形成强大的震慑,有力整顿和规范了食品生产经营秩序。截至目前,已办理"资格罚"案件7件,共11人次被处以资格禁入的处罚,其中10人受到终身不得从事食品生产经营管理工作的惩戒。

温岭推进企业注销便利化的改革实践与思考*

为加快解决社会反映强烈的企业"注销难"问题，促进企业"新陈代谢"，温岭市市场监督管理局在浙江省率先试行开展企业注销便利化工作，通过"减时间、减材料、减环节、减费用"四减，打好企业"普通注销简单办、简易注销拓展办、特殊注销指导办"便利化改革组合拳，解决企业"注销难"，实现"原先难注销的，现在能注销；原先能注销的，现在易注销"。目前，已有1400多家市场主体受益于此项举措，得以顺利、快捷地退出市场。本文在总结温岭市市场监督管理局开展企业注销便利化工作的实践基础上，提出建议和对策。

一、温岭推进企业注销便利化工作的意义

（一）推进企业注销便利化是基层响应国务院优化营商环境重要决策的具体实践

近年来，企业开办便利度在"放改服"改革的催化下日渐提升，以温岭市市场监督管理局为例，目前已实现常态化企业开办一个工作日内完

* 本文系浙江省工商行政管理学会2019年度重点课题成果。

成，平均日增企业50家；相比于准入环节的高效，企业退出市场的便利化程度相对较低，不利于营商环境的进一步优化。2019年，党中央、国务院对加快解决企业"注销难"这一营商环境中的难点高度重视，习近平总书记、李克强总理多次作出指示，要求尽快解决屡屡困扰企业和群众的"注销难"这件"窝心事"。中央全面深化改革委员会第五次会议审议通过《加快完善市场主体退出制度改革方案》，国家市场监督管理总局先后多次出台相关文件，并联合税务、海关等多部门联合部署推进企业注销便利化工作。顶层已有总体设计，温岭市市场监督管理局先行先试，为浙江省乃至全国的推开积累经验。

（二）推进企业注销便利化是政府回应社会对企业"注销难"问题高度关切的改革答卷

自2017年3月实施企业简易注销改革以来，大量企业享受到改革红利，通过简易注销程序退出市场，但仍有将近一半的市场主体因为各种原因不能通过简易注销登记程序进行注销。以2018年为例，温岭企业注销数达2528家，同比增长60%，其中简易注销占全部注销量的50.75%。同时，简易注销登记还存在适用范围有限、公告时间过长、登记流程容错率低等问题。温岭市市场监督管理局以问题为导向推进企业注销便利化工作，在健全退出机制、降低退出成本、提升企业办事体验上下功夫，优化普通注销登记制度，完善企业简易注销登记制度，加强特殊注销指导力度，改革红利全面覆盖各种类型、情形的企业，力求在合理保护各方利益的基础上追求更高的效率，促进企业"新陈代谢"、结构优化，符合"放改服"改革深化后的群众期待。

（三）推进企业注销便利化是"最多跑一次"改革在商事登记领域的全新成果

"最多跑一次"改革聚焦与人民群众生产、生活联系最紧密、人民群众反映最强烈的领域和问题，把办事的窗口当作改革的"主场"；推进企业注销便利化，就是聚焦企业注销一件事落实为政府服务的"一次结"，通过依托一体化政务服务平台等方式，让"数据多跑路、群众少跑腿"，大幅减少注销登记材料、压缩企业注销时间，实现企业注销便利化，变"群众跑"为"干部跑""数据跑"，变"反复跑""多头跑"为"最多跑一次"。温岭市市场监督管理局持续推进"最多跑一次"改革，推进企业注销便利化工作，继续当好商事登记制度改革的先行者、实践者和推动者，坚定不移沿着简化登记的路子走下去，健全退出机制，降低退出成本，提升企业办事体验。

二、温岭推进企业注销便利化的改革实践

（一）温岭推进企业注销便利化改革的做法

1.综合考量设计工作方案，整体推进企业注销便利化

对温岭市市场监督管理局来说，推进企业注销便利化是一项"有基础、有经验、有传承"的延续性改革。近年来，温岭市市场监督管理局致力于不断将企业注销登记制度改革引向深入，取得一定成效。在经过多年探索和实践基础上，温岭市市场监督管理局立足企业注销登记改革复杂性、艰巨性更加突出的现状，成立企业注销便利化工作专组，总结近几年开展企业简易注销改革和个体工商户依职权注销改革经验，理顺机制、优化流程、消除堵点，制定出台《关于推进企业注销便利化工作实施方

案》,梳理、确认通过"优化普通注销登记制度、完善企业简易注销登记制度、对特殊问题加大行政指导力度"三大路径开展综合性注销登记改革,即"普通注销简单办,简易注销拓展办,特殊注销指导办",全面推进企业注销便利化工作,实现注销便利化全覆盖。

2.紧锣密鼓推动举措落实,有序推进企业注销便利化

温岭市市场监督管理局及时向上级市场监督管理局汇报工作进展情况,整理并提交技术方面待解决的问题;组织基层分局(所)业务线骨干召开专项工作会议,并先后出台2期指导意见,解读指导改革内容,找准现行条件下具体操作层面的关键点,明确"特殊企业指导办"基本操作流程。调研走访注销量较大的10个分局(所),详细讲解相关政策,鼓励结合年报等工作展开宣传并收集问题、案例以进一步推开。在目前国家企业信用信息公示系统尚未改造完成,清算组信息公示、债权人公告等模块权限未开通条件下,积极向上级市场监督管理局争取技术层面相关权限,并探索通过政府门户网站等其他线上平台发布注销相关公告。

3.精准施策落实改革任务,有效实现企业注销便利化

针对普通注销中存在的提交材料繁多、办事流程复杂、全程耗时较长等问题,通过"减少企业注销环节、降低企业注销成本、压缩企业注销时间、精简企业注销材料、取消纸质遗失登报"5项举措优化普通注销登记制度,保障一部分有退出意愿但不能走简易程序的企业正常、顺畅地退出市场。完善企业简易注销登记,拓展简易范围适用对象,将非上市股份有限公司和农民专业合作社纳入简易注销适用范围;建立容缺机制,对被终止简易注销登记的企业,允许其符合条件后再依程序申请简易注销,解决简易注销登记适用范围有限、登记流程容错率低等问题。对因企业自身遗留问题、证照章丢失、股东意见不合等特殊情形而难以注销的企业,加强行政指导,允许经书面及报纸(或国家企业信用信息公示系统)公告通知全体股东,召开股东大会,形成符合法律及章程规定表决比例的决议、

成立清算组后申请注销。

（二）温岭推进企业注销便利化的成效

1.多措并举，打开普通注销简单办的局面

明确普通注销6项可实施情形，并有序推进，实现四减，即减环节、减时间、减材料、减费用。减环节，即取消公司、合伙企业清算组备案环节，目前有6家市场主体免清算组备案；尚未换取有统一社会信用代码的营业执照的企业，如在全程电子化登记系统中已赋码的，可直接办理注销登记，目前共有95家市场主体免换照手续；将补领营业执照与注销登记2个环节合并，营业执照遗失的企业可直接办理注销登记，目前共有20家市场主体免补照手续。减时间，体现在实际未开展经营活动在简易注销公告时因书写不规范等原因无法再次申请简易注销必须走普通注销的企业，在报纸上发布债权人公告时间由45天压缩至20天，目前共有5家企业公告时间压缩。减材料，即企业办理注销时免予提交纸质清税证明、《备案通知书》等材料，目前共有661家市场主体通过清税信息共享免提交清税证明，26家企业免提交《备案通知书》。减费用，体现在企业、个体工商户、农民专业合作社因执照吊销或遗失等原因不能通过国家企业信用信息公示系统发布遗失公告的，可作出书面遗失声明，免于登报挂失，目前共有520家企业采用书面声明遗失方式，节省费用约15万元。

2.勇于探索，挖掘简易注销拓展潜力

企业简易注销登记公告期超过20日、未到45日的，办理注销时可在简易注销受理系统的"特殊企业查询"中进行录入操作。同时，加强部门信息共享和业务协同，内部征询税务部门核实信息，对未办理过涉税事宜或办理过涉税事宜但未领用发票、无欠税（含滞纳金）及罚款的企业，提交书面声明后免予到税务部门办理清税手续。目前，共有247家市场主体免予办理清税手续。

3.量身定做，打造特殊注销经典样板

综合考虑企业、股东、债权人、登记机关权益，明确"特殊注销指导办"先决条件、企业所需提供的佐证材料、登记机关审查要点等要素，形成特殊注销办理基本操作流程。遵循"一企一策"原则，根据企业具体情况"量身定做"注销方案，为无法退出市场的主体打通退出渠道，同时引入第三方审计机构，减少各方风险，努力实现"零起诉""零复议"。如浙江漩力机电有限公司成立后未开展实际经营，但因其中一位股东失联导致一直未能办理注销，后在温岭市市场监督管理局的指导下办理了注销登记。

三、温岭在推进企业注销便利化过程中存在的问题

（一）技术层面无法突破，改革举措大打折扣

推进企业注销便利化改革主要依托国家企业信用信息公示系统建设，例如对于普通注销需要国家企业信用信息公示系统增加企业清算组信息公示、债权人公告的模块，对于简易注销需要国家企业信用信息公示系统完善非上市股份有限公司等企业的权限，调整公告时限，解放简易注销的公告次数限定等。目前，该系统尚未开通相关栏目和权限，只有少许有限的便利化举措可开展，企业注销便利化程度大打折扣。同时，在操作过程中还存在税务清税信息推送不及时、滞后甚至无法推送到位的情况。

（二）未被列入简易注销试点，改革效力有待商榷

按照国家市场监督管理总局文件，浙江省仅杭州市和宁波市被列为简易注销试点地区，可进一步探索完善企业简易注销登记改革，包括"拓展适用范围、压缩公告时间、建立容错机制"等。温岭市所属的台州市未被列入试点之列，是否可以开展简易注销完善的各项措施有待明确。

四、深入推进企业注销便利化改革的建议与对策

(一)聚焦法律保障,保障基层改革创新成果

随着《关于进一步推进企业注销便利化优化营商环境的意见》出台,简易注销登记的公告时间由原来的45个自然日已经压缩到20个自然日,建议修改相关法律法规,进一步压缩普通注销公告时限为20个自然日,为无法通过简易程序,但通过清算能够明晰债权债务关系的企业减少公告时限,解决"入市容易退市难、注销公告时间长",回应企业"既能快速准入,又能便捷退出"的集中诉求。

(二)聚焦技术支撑,强化涉企部门信息共享

目前,清税情况已经能够推送到全程电子化登记平台,建议优化税务信息数据推送流程,确保相关信息及时推送。同时,继续以此系统为基础,理顺企业注销涉及环节,打通税务、市场监督管理、人力资源和社会保障、商务等涉企部门办理企业注销业务流程,通过数据共享,打破信息孤岛,实现企业注销"一网服务",逐步为申请人提供办事流程清晰透明、企业信息互通共享、全流程进度跟踪等功能的电子政务服务。

(三)聚焦信用监督管理,强化失信企业惩戒约束

企业注销涉及众多债权人和方方面面的利益,建议在简化退出程序的同时,严格企业主体责任,依法对失信市场主体实施联合惩戒,防止恶意逃废债,对企业在注销登记中隐瞒真实情况、弄虚作假的,按相关规定进行查处,依法将其列入严重违法失信企业名单,通过国家企业信用信息公示系统公示,并撤销注销登记程序。

已注销企业遗留不动产处置方案

为进一步助力营商环境优化提升,加快推进历史遗留问题化解,稳妥做好企业注销后遗留不动产处置,深化吊销、未注销企业强制注销工作,经温岭市自然资源和规划局、温岭市市场监督管理局、国家税务总局温岭市税务局共同研究,特制订本方案。

一、工作目标

按照"尊重历史、实事求是、程序合法、结果公开"的原则,市场监督管理、自然资源和规划、税务等部门协同推进,通过转移登记至当前权利承受主体名下的方式,实现企业注销后遗留不动产处置登记。

二、权利主体

已注销企业尚有未处置完毕的不动产,可由其企业注销时的全部股东或投资人(以下简称申请人)申请恢复原企业资格,市场监督管理部门对已注销企业情况出证,全部股东或投资人共同委托的代理人向税务、自然资源和规划部门依法办理税收缴纳及不动产登记业务。

三、办理流程

（一）申请

申请人向市场监督管理部门申请出证时，应提供以下材料：

——申请书；

——承诺书；

——取得不动产权属证明（含已初始登记的和未初始登记的）；

——拟申请登记处置不动产的现状照片。

（二）核查

根据申请人提供的材料，通过浙江省全程电子化登记平台和档案查询系统进行核查比对，填写《注销企业拟出证情况核查表》，核查内容包括：

注销时的基本登记情况（企业名称、注册号、注销时间、注销原因、股东或投资人）与营业执照登记信息是否一致，如不一致的，予以注明实际情况。

申请人是否被列入经营异常名录或严重违法失信企业名单，发现异常情况的，予以注明。

（三）出证

经核查通过，同意予以出证的，直接向不动产登记部门出具证明，不予出证的，向申请人说明理由。市场监督管理部门出证时不再对浙江省全程电子化登记系统数据进行调整。

（四）登记

全部股东或投资人共同委托的代理人持不动产权证（土地证、房产证）

等材料，与不动产受让主体共同到不动产登记服务中心，按照企业不动产登记"一件事"流程申请办理不动产转移登记。未办理不动产首次登记的，先办理不动产首次登记（不动产权证书附记栏注明"仅办理已注销企业遗留不动产处置用"），再按上述流程办理不动产转移登记。

温岭市自然资源和规划局

温岭市市场监督管理局

国家税务总局温岭市税务局

2021年5月24日

温岭市企业和个体工商户注销登记
简易程序暂行规定

第一条 为简化、完善企业和个体工商户注销登记流程,构建便捷有序的市场退出机制,促进市场主体退出便利化,根据《国务院关于促进市场公平竞争维护市场正常秩序的若干意见》(国发[2014]20号),结合相关法律法规和规章规定,制订本规定。

第二条 本规定适用于温岭市范围内个体工商户、未开业企业或者无债权债务的企业申请办理注销登记。

未开业企业是指领取营业执照后未开展生产经营活动的企业;无债权债务企业是指已开展生产经营活动,企业解散进入清算期间无债权债务的企业。

第三条 企业和个体工商户简易注销登记坚持依法合理、便捷高效、企业自治、风险可控的原则,既方便企业和个体工商户退出市场,又保障债权人的合法权益。简易注销登记不免除股东、投资人等依照民商事法律应承担的民事责任。

第四条 申请人对申请材料的真实性、有效性、合法性负责。具有下列情形之一的企业和个体工商户,不适用本规定:

(一)注册资本(金)超过人民币100万元(不含100万元)的法人企业;

(二)申请注销登记材料经营状态数据与年报(年检)信息、企业信用信息公示系统不一致的；

（三）市场主体准入系统提示有投诉举报、立案调查或有其他未了结事务的；

（四）所投资设立的企业未办理注销登记的；

（五）所设立的分支机构未办理注销登记的；

（六）企业股权已被冻结或者已经出质登记的；

（七）被司法机关等有关部门限制办理注销的；

（八）依法由司法机关等相关部门组织清算的；

（九）登记机关认为不适用简易注销程序的其他情形。

第五条　温岭市市场监督管理局负责全市企业和个体工商户简易注销程序的指导、督查工作。局企业注册科、各分局（所）根据各自职责和权限按本规定负责辖区内企业和个体工商户简易注销程序的实施工作，其中有限责任公司申请简易注销由企业注册科办理。

各分局（所）应积极向当地政府汇报本辖区市场主体开业、经营状况，提请政府及时组织清理未开业、未经营的市场主体。对当地政府集中办理未开业、未经营市场主体注销登记的，登记机关应主动做好协助和指导服务工作。

第六条　登记机关依照本规定办理注销登记时，从申请事项、提交材料、登记时限、审批程序等方面予以简化。

第七条　个体工商户按简易程序申请注销登记时，向登记机关提交由全体经营者共同签署的注销登记申请书，并缴回营业执照正、副本。

委托办理的，还应提交授权委托书。

第八条　个人独资企业按简易程序申请注销登记时，向登记机关提交由投资人签署的注销登记申请书、企业未开业或无债权债务的情况说明；有分支机构的，提交分支机构注销决定书；缴回营业执照正、副本。

委托办理的，还应提交授权委托书。

第九条 合伙企业按简易程序申请注销登记时,清算人由全体合伙人担任。进行清算时,可以不发布清算公告,可以提交未开业或者无债权债务情况说明代替清算报告。注销时,应由全体合伙人在相关文书上当场签字,无法当场签字的,应提交委托人经公证后的委托书,由被委托人履行相关义务。向登记机关提交由全体合伙人签署的注销登记申请书、全体合伙人做出解散及成立清算组织的决议、全体合伙人签署的未开业或者无债权债务情况说明,并承诺对企业债务承担无限连带责任;授权委托书;有分支机构的,提交分支机构注销决定书;缴回营业执照正、副本。

第十条 公司按简易程序办理注销登记时,清算组由全体股东组成。进行清算时,可以不办理清算组备案登记,可以不发布清算公告,可以提交未开业或者无债权债务情况说明代替清算报告。注销时,应由全体股东当场在相关文书上签字,无法当场签字的,应提交委托人经公证后的委托书,由被委托人履行相关义务。向登记机关提交由清算组负责人签署的注销登记申请书、公司权力机构做出解散及成立清算组的决议或决定、全体股东签署的未开业或者无债权债务情况说明,并承诺对企业债务承担无限连带责任;授权委托书;有分公司的,提交分公司注销决定书;缴回营业执照正、副本。

第十一条 非公司企业法人按简易程序办理注销登记时,由主管部门(出资人)自行组织清算,向登记机关提交由法定代表人签署的注销登记申请书、主管部门批准注销的文件(应载明未开业或无债权债务,并承诺对企业债务承担相应赔偿责任)、授权委托书;缴回营业执照正、副本及公章。

第十二条 未开业企业或无债权债务企业说明材料应当载明以下内容:

(一)属于本规定所称未开业企业或者无债权债务企业,符合简易注销登记规定的条件,不存在有关不适用情形;

(二)无分支机构或分支机构均已注销,无对外投资或对外投资已清算完毕。企业已清算完毕是指包括清算费用、职工工资、社会保险费用和法定补偿金、税款等均已清偿。

（三）企业申请按简易程序办理注销登记，保证有关申请资料真实有效，不存在弄虚作假、隐瞒真实情形等情况，并依法决定有权签字人为注销登记申请书的签署人；

（四）特此承诺该次注销登记不免除本企业及签署人依法应承担的法律责任，不免除股东、投资人等依照民商事法律应承担的民事责任，并承诺如因提交虚假材料或者采取其他手段隐瞒事实骗取企业注销登记的，本企业及签署人依法承担由此产生的一切法律责任。

第十三条　未开业或无债权债务说明材料，应加盖企业印章，并且公司应当由全体股东签署、个人独资企业由投资人签署，非公司企业法人由主管部门（出资人）签署、合伙企业由全体合伙人签署。

第十四条　简易注销登记实行一审一核工作制。登记人员发现企业和个体工商户申请简易注销登记不符合规定条件的，应依法不予受理，驳回注销登记申请。

第十五条　按简易注销程序申请注销登记，申请材料齐全，且符合规定形式的，登记机关应当当场予以受理。申请材料不齐全的，应当一次性告知申请人需要补正的全部内容。

登记机关应当对法人企业在受理次日通过企业信用信息公示系统(企业年度报告信息公示监管系统业务管理的"公告栏维护"模块)对外公示，公示期为五个工作日。利害关系人认为企业不属于本办法适用范围内的，可以通过企业信用信息公示系统或者其他书面方式向登记机关提出异议。

登记机关在公示期内未收到异议的，应当自公示届满之日起三个工作日内做出准予登记的决定；登记机关在做出决定前收到异议的，应当做出不予登记的决定。登记机关做出不予登记决定的，企业不得再次申请简易注销登记。

第十六条 适用简易注销程序的企业和个体工商户,在办理注销登记时营业执照遗失或无法缴回的,出具营业执照遗失或无法缴回的书面说明,登记机关在做出准予注销登记决定之日起五个工作日内,在报纸、公告栏、政务网站、企业信用信息公示系统等载体上公告其营业执照作废。

第十七条 登记机关依照简易注销程序做出准予注销登记决定后,如有债权人、相关利害关系人举报反映市场主体在办理注销登记过程中隐瞒事实、提交虚假材料,造成其合法权益受到损害的,登记机关按涉嫌提交虚假材料骗取登记进行查处。

第十八条 本规定从印发之日起施行,上级部门另有规定的,从其规定。

附件:_____(企业名称)申请简易注销登记未开业/无债权债务说明材料。

温岭市市场监督管理局

2015年4月11日

附件

_____（企业名称）

申请简易注销登记未开业/无债权债务
说 明 材 料

本企业因出现解散事由，现申请按照温岭市简易注销程序办理注销登记，并就有关情况说明如下：

（一）本企业属于《温岭市企业和个体工商户注销登记简易程序暂行规定》（以下简称暂行规定）所称未开业企业□无债权债务企业□，企业符合暂行规定确定的条件，并且不存在不适用的情形；

（二）本企业无分支机构□分支机构均已注销□，本企业无对外投资□对外投资已清理完毕□。

企业已清算完毕是指包括清算费用、职工工资、社会保险费用和法定补偿金、税款等，均已清偿。

（三）本企业申请按简易程序办理注销登记，保证有关申请资料真实有效，不存在弄虚作假、隐瞒真实情形等情况，并依法决定（有权签字人姓名）为注销登记申请书的签署人；

（四）特此承诺该次注销登记不免除本企业及签署人依法应承担的法律责任，不免除股东、投资人等依照民商事法律应承担的民事责任，并承诺如因提交虚假材料或者采取其他手段隐瞒事实骗取企业注销登记的，本企业及签署人依法承担由此产生的一切法律责任。

签名（公司的全体股东、个人独资企业的投资人、非公司企业法人的主管部门〔出资人〕、合伙企业的全体合伙人签署）：

（企业印章）

年　　月　　日

图书在版编目(CIP)数据

温岭商事制度改革的实践与创新 / 温岭市市场监督
管理局编 . —杭州：浙江工商大学出版社，2022.6
　　ISBN 978-7-5178-4821-9

　　Ⅰ．①温… Ⅱ．①温… Ⅲ．①工商行政管理—体制改
革—研究—温岭 Ⅳ．① F203.9

中国版本图书馆 CIP 数据核字 (2022) 第 005083 号

温岭商事制度改革的实践与创新
WDNLING SHANGSHI ZHIDU GAIGE DE SHIJIAN YU CHUANGXIN
温岭市市场监督管理局 编

出 品 人	鲍观明
策划编辑	沈　娴
责任编辑	孟令远
责任校对	李远东
封面设计	王妤驰
责任印制	包建辉
出版发行	浙江工商大学出版社
	（杭州市教工路 198 号　邮政编码 310012）
	（E-mail:zjgsupress@163.com）
	（网址 : http://www.zjgsupress.com）
	电话 : 0571-88904980 , 88831806（传真）
排　　版	杭州朝曦图文设计有限公司
印　　刷	杭州宏雅印刷有限公司
开　　本	710 mm × 1000 mm　1/16
印　　张	12.75
字　　数	165 千
版 印 次	2022 年 6 月第 1 版　2022 年 6 月第 1 次印刷
书　　号	ISBN 978-7-5178-4821-9
定　　价	88.00 元